復興航空創辦人
陳文寬的冒險歲月

王立楨 著

推薦序

見證了中華民國民航史的傳奇一生

徹夜讀完王立楨先生《螺旋槳邊的歲月》與銜接該書的新書稿，不啻在竟日紛至沓來的民航行政公務中注入源頭活水。與許多畢生投入航空事業的先輩相仿，我們都想深切體認為何陳文寬先生傳奇的一生，足以做為我國民航歷史中的典範。書中陳述，斯時中國大陸飛安管理尚未啟萌，日本侵華更如火上加油，益發使得飛行空域危機四伏，民航機墜毀史蹟斑斑，軍方多少飛官英雄壯烈成仁，文寬先生能於亂世中，創造民航事業，屢屢使命必達後，迄今安享天年，豈是幸致。

本書探索文寬先生帶領中國民航，走過中國大陸輾轉至台灣經營航空公司的歷程，即使屢見中外人性的隱晦，但在飛行路上，他堅持敬業精神，一以貫之。我們尤其欽佩他由深入飛機系統，經手飛機維修，再由民航跨入軍事用途等飛行專業，這種與當年所有中國飛行員迥異的經歷，在《螺旋槳邊的歲月》書中由第九章「振翼西北」起到續集成立復興航空採購交運 PBY 等民航機，看見他親自掌握每次飛航計畫，鉅細靡遺，舉凡跨洲際與渡海長程飛航，沿途天候、星象觀測、油量及載重之計量，而至艱難的地面通訊，所有細節不能疏忽，這不都是我們當代民航界念茲在茲群策群力的飛安體系必要元素嗎？只不過當年他幾乎是獨力運用原始通訊方法及簡易飛機裝備完成。足證「敬業」，才是他迭次完成不可能任務又兼顧飛安的底蘊。

此外，書中攸關文寬先生一生，的確值得稱道讚許的故事不勝枚舉，例如：

一、當年為了維持國人尊嚴，率先發心籌組由國人主導的中央航空公司，真是篳路藍縷，秉持誠信的人格特質與獨到的飛航管理理念，使中央航空公司能與外國人經營的中國航空公司分庭抗禮。

二、開風氣之先，與地面管制員合作，重視及強化飛行員 GCA (Ground Control Approach) 訓練。一九四六年聖誕夜前一天晚上，有三架民航機因為天氣因素相繼在上海墜毀，震驚全國，痛定思痛，文寬先生當時決定，所有中央航空飛行員，每個月都必須執行一次 GCA 落地的練習。

三、一九五一年年初，為復興航空公司向法航購得兩架 PBY-5A 型水上飛機。雖然他沒有那型飛機的飛行經驗，但是因為他有超過十種飛機及近一萬小時的飛行經驗，在紐約巴爾的摩機場試飛性能後，決定將之飛回台灣，先由紐約飛到洛杉磯，兩千三百多哩的航程，加上半路強烈頂頭風，中途因判斷油量不足，只好轉降德州 El Paso 機場，次日飛去洛杉磯找飛虎航空公司機務，將飛機整裝完畢，再北飛舊金山，於奧克蘭機場開始跨越太平洋飛渡至夏威夷，整個航程超過兩千四百哩約二十三個小時，之後歷經多番周折，於民國四十年的五月五日返抵國門。文寬先生高遠成熟之飛航技能令人嘆為觀止，復興航空公司經營乃能於焉開展。

四、一九五一年十月中旬起，帶領復興航空承接我國國防部往返飛大陳島之包機任務，載送國防部少將由大陳起飛返台，飛行中遭遇左發動機放砲抖動之故障，因文寬先生當機立斷，處置得宜，使飛機安降松山，其對機務系統之熟稔有以致之，令將軍感念不已。

五、一九五二年三月三十一日，接國防部任務，由台灣飛往緬甸的猛撒，飛出台灣海峽後，為省油，在海上飛行竟一路保持在五百呎以下，再順著進入湄公河往上流飛至猛撒，他笑稱是利用儀器飛行(IFR，Instrument Flight Rule)，只是他的 IFR 是 I Follow River 。於安全抵達後，見到名聞遐邇的滇緬孤軍指揮官李彌將軍。

六、有關協助大陳島軍事撤退及多次載送俞大維部長往返等興味盎然事蹟，皆有待讀者詳閱。飛安沒有國界，今日航空產業之發展與整體飛安體制，遠遠比文寬先生入行時更要精密與完備，年輕人如果要將踏入民航業當作未來人生主要追求的目標，已不再會遭遇文寬先生昔年「嘆烏衣一旦非王謝，怕青山兩岸分吳越」的景況。

尤其當前台灣民航界，在過去約三十多年來，民航特考引進許多年輕人。在政府主導下，我們胼手胝足建構出新一代的航管系統通訊導航監視／飛航管理系統(CNS/ATM)，培育了無數優秀的空域管理人才，守護台北飛航情報區。在當今，日趨繁忙的國際航空世界中，飛安成效毫不遜色。對於想效法陳文寬先生秉持飛行專業進入民航界的年輕人，我們有信心說：「The sky is yours, go enjoy it !」

旅美航太工程師王立楨先生，利用他公餘的時間，對文寬先生進行訪談，並將他所蒐集的資料，在查證之後，以他的生花妙筆將那一段段精彩的過程，像是說故事一般，將文寬先生的事蹟，呈現在讀者眼前。讓後人明白，陳文寬先生在中華民國民航史上，有他無可取代的一頁。本人很榮幸能在今（二〇一四）年六月代表民用航空局，來歡迎陳文寬先生返國接受政府贈勳，以表揚他對中華民國民航界的貢獻，更希望年輕一代的朋友們，能經由這本書，得到啟示，加入民航的行列。

而記述陳文寬先生一生飛行生涯的這兩本書，使他的記憶落入民航歷史之成就。期許航空界所有專業人士，帶著各自的感受與體驗，一同守護這個珍貴的記憶。

交通部民用航空局　局長　沈啟

一〇三年五月十五日

作者序

一百零一歲的飛行員——陳文寬

去年參加陳老先生一百歲生日的晚宴時，世界日報的記者問我，《螺旋槳邊的歲月》下集該出來了吧。

那句話還真是點到了我的痛處。

因為，早在十年前，我就已經完成了對陳老先生的訪談，只是在出版了《螺旋槳邊的歲月》之後，一連串的其他稿約及辦公室裡永遠辦不完的公事，就將繼續撰寫陳老先生續集的事給耽誤下來了。然而，雖然忙碌，我的內心卻始終惦記著這一件沒有完成的事。

世界日報記者的那句話，讓我覺得我實在沒有再拖下去的理由了，一方面是該對陳老先生有個交待，同時也實在該將那一段鮮為人知的史料，寫成文字，讓對中國民用航空史有興趣的人，可以對那一段歷史及復興航空公司的早年成長過程，有更深一步的了解。

於是我就由去年五月開始，將當初訪談的錄影重新看了一遍。雖然是以前看過不少遍的錄影帶，但是當陳老先生的影像在電腦銀幕上出現，那濃厚的鄉音由喇叭中傳出後，我幾乎立刻就回到了政府剛由大陸撤退到台灣的那段日子，那段雖然局勢不穩，人們卻對政府有著相當信心的年代。

以陳老先生華僑的身分，他很可以在一九四九年政府遷台的時期，回到美國，並在汎美航空公司尋得一份收入很好的民航飛行員職務。但是他卻不只一次的以行動來證明他對政府的支持。

中國航空公司及中央航空公司在一群短視的經理人員策劃之下，將飛機及公司投向剛成立的中華人民共和國的時候，陳老先生身為中央航空公司的高階經理，他不但沒有同流合污，更替政府事先設計了一個萬一事情爆發該如何解套的方法，那個辦法雖然未被採用，政府卻對他的忠貞留下了深刻的印象。

嚴格的來說，復興航空公司早年的主要商機就是為政府服務。在一九五六年之前，所有的外島空中交通完全是由復興的水上飛機來負責。政府在初期對滇緬孤軍的支援，也是仰仗復興航空公司的飛機。

而完全因為陳老先生本身飛行技術的關係，復興航空公司竟在台灣海峽的救難史上，也留下了光輝的一頁。尤其是在一九五四年在怒海中搶救七名落海的美軍的故事，更是贏得了國際間無數的掌聲。

即使對一些國家不方便出面的軍事行動，復興航空公司也在政府的示意下全程配合，這由復興支援印尼反蘇卡諾革命一事中，可以得到證實。由那件秘密行動的過程中，也可以看出陳文寬的另外一面，他雖然配合政府的政策，與印尼的革命組織合作，但是他卻有他不可妥協的原則。

那是當政府示意由復興航空公司派出飛行員，直接駕駛轟炸機來進行對印尼政府軍的轟炸，然而陳文寬卻覺得復興可以用公司的專業，以空運來為國效勞，但是轟炸行動卻不在那個服務範圍之內，所以他相當明確的向政府表示，復興絕對不會執行任何轟炸任務。

在認識他的十幾年之間，他幾乎是每隔幾個星期就會邀我去他家與他聊天，我們聊天的範圍真是天南地北，無所不談。在與他相處的這些年來，我發覺他真是一位見識廣泛及非常注意細節的人。有一次我在他家向他借充電器來替我的手機充電，在臨走時，我將充電器還他，他接過去之後，他就告訴我手機的電尚未充滿，我問他怎麼會知道，因為他並沒有看到我的手機，他說因為充電器還是熱的！有幾個人會注意到這種細節？

就在這本書完稿之際，接到由台灣傳來的消息，交通部及國防部為了表揚陳老先生一生對國家的貢獻，想請他回國接受總統頒贈「三等大綬景星勳章」。當我將這個消息告訴他時，他相當興奮的表示，他雖然已經一百多歲，但是對於這種殊榮，他絕對是要親自回國，去恭領那個勳章。我半開玩笑，半認真的問他，在他這個年紀，還可以再承受那長途飛行的艱辛嗎？他瞪了我一眼，說：「嘿，相不相信我可以自己開飛機回去？」

我寧可相信！

目錄

第一章　聲名何價——能力人脈是資產

一九四五年秋天，當陳文寬回到闊別了八年的上海之後，他還是像往常一樣按著公司的班表駕著飛機在全國各地穿梭著，只是他已經開始盤算他的人生下一步該如何走下去。

八年對日抗戰剛結束，全國籠罩在一片勝利的狂喜氣氛當中，這八年流離失所的困境終於告一段落，無論個人或公司行號都是急著返回家園準備重建工作，他衡量在這種情況下航空業的繼續蓬勃發展是必然的，而他所任職的中國航空公司在全國各地都已有據點，因此他知道即使他不做任何重新的規劃，他的人生也會很順利的循著一定的軌跡走下去。

但是，他並不想將他的一生耗在駕駛艙裡，他認為在年輕的時候飛行行業可以滿足一個人冒險的天性，同時也可以有足夠的機會周遊各地，但是在飛行了十二年之後，他覺得他該可以在其他地方對國家做出更多的貢獻。

他想著既然中國領域是如此的廣大，以當時中國航空公司的規模來說，是無法應付那龐大的空中運輸需求。同時，他也親身體會到中國航空公司雖然打的是「中國」的名號，而且飛機上也繪著「中」字招牌，但是實際上那卻是一個極度歧視中國人的公司，公司裡的中國員工始終拿著比外國員工要低的工資，在這種同工不同酬的環境裡，中國人是很難

出人頭地的。

在這種情況下，他覺得在中國的領土上，該有一家由中國人開的航空公司，這樣不但可維持國人的尊嚴，同時也可讓國人在這獲利甚豐的行業裡得到對等的報酬。

基於此，他想到也許他可成立另一家航空公司，與中國航空公司分庭抗禮，然而要成立一家航空公司並不是件簡單的事，光是那龐大的資金就不是他可以負擔得起的。由於他在中國航空公司任職的十二年間，因工作關係認識了不少人，再因為飛行員在當時是相當令人羨慕的行業，所以他所累積的人脈不但廣闊，更不乏一些有權有勢的人物，所以他覺得說不定他可以利用這種關係，找到一些志同道合的人集腋成裘，在這方面有一些作為。

就在他剛有此一念頭的時候，有一天下午當他才飛完一個班次，回到上海龍華機場，在航務中心填寫表格時，他接到一通電話，是中央航空公司的總經理陳卓林先生打來的。

中央航空公司原本是中德合資的歐亞航空公司，但是在民國三十年二次世界大戰爆發，中國與德國宣戰後，國民政府就沒收了德方股份，並將公司改為國營，並易名為「中央航空公司」。這家航空公司雖然是國營，然而因為國家貧困、資金缺乏，所以在戰後，公司帳面上號稱有五十架飛機，但是陳文寬知道真正可以飛行的飛機根本不到十架。

陳卓林先生在電話裡先是簡單的向他問好，然後就問他當天晚上有沒有空共進晚餐。

通常陳文寬下班後都沒什麼事，多半是回家陪著家人一起用餐，所以當陳卓林邀約他時，他立刻就答應了。不過，他卻想著中央航空公司的總經理找他吃飯，該不是普通的應酬，一定是有重要的事情要找他商量或幫忙。

當天晚上兩人在南京路的一家川菜館裡見面，稍事寒暄後，陳卓林進入主題，直截了當的要求陳文寬能加入中央航空公司，並擔任航務處經理一職。他解釋說因為央航一直欠缺資金，所以無法添置新機，擴展業務。最近他們好不容易找到了一家銀行願意貸款四十萬美金給央航，但是銀行卻有一個條件，那就是央航必須延聘陳文寬擔任航務處經理一職，讓陳文寬負責一切航務方面的事宜。

陳文寬聽了後，非常驚訝他自己的名氣竟值到四十萬美金，但他仍是很平靜的問陳卓林是哪一家銀行的人設下的條件，陳卓林指出是位梁姓的銀行總經理。陳文寬聽了之後，雖然知道他認識那位總經理，但是並不熟識，因此他更是訝異他在一般人心中的影響力。

陳卓林繼而表示，當時美國陸軍航空隊在印度加爾各達的基地裡有上百架的舊 C-53 及 C-47 要出售，每架飛機不論機齡或狀況，一律只要價兩萬美元。陳卓林希望陳文寬能儘快的加入央航，這樣央航才能取得所需的資金，然後到印度去選購十架飛機，開始進入國內當時正是火紅的空運市場。

陳文寬聽了之後，覺得這個情況與他前幾天所構想的局面非常相似，於是他再仔細的詢問了陳卓林他將在央航扮演什麼樣的角色，陳卓林也很清楚的告訴他，身為航務處經理，他在央航將享有一切的自由去做任何他想做的事。

聽到陳卓林如此的保證之後，陳文寬覺得他實在沒有任何理由繼續留在中航，於是他當場就答應了陳卓林的要求。陳卓林在得到陳文寬的首肯之後，便立刻與陳文寬約定一星期之後與他一同前去那家銀行簽約。

第二天陳文寬就向中國航空公司提出了辭呈，並明白表示將前往央航擔任航務處經理一職。對於陳文寬的請辭，公司方面並沒有任何為難，很快就批了下來，這和幾年前當陳文寬第一次有意請辭時，公司高層曾親自挽留的情況不可同日而語，可能這次請辭時，到處都有戰後的飛行員想謀職的關係，公司認為隨時都可以有人補上他的那個空缺。

一星期之後，在那家銀行裡陳文寬了解到對方對他的信任其實超過了他能想像的範圍，那家銀行不但將對央航的貸款寄託於陳文寬是否肯到央航擔任航務處經理，更因為央航在印度加爾各達沒有分公司，而陳文寬卻在當地有銀行戶頭，為了取款方便，銀行竟願意將那四十萬美金的支票直接開在陳文寬名下！

這種安排對中央航空公司或是銀行來說都有著相當大的風險，但是這兩方面卻根據他們對陳文寬的了解，都覺得不是個問題。而更令陳文寬感動的是銀行在他們即將簽約之前，對陳卓林表示：這種高額的美金支票在印度兌現並不是一兩天的事，說不定陳文寬要經過一個月才能拿到錢，因此銀行決定再開一張三十三萬盧比（印度當地的幣值，折合美金十萬元）的支票給陳文寬，讓他到了加爾各達之後可以立刻有錢辦事。

第二章　加盟央航——同工同酬是真章

那天簽約之後，陳文寬等於是拿了五十萬美金的支票離開銀行，在那個年代那是個無法想像的天文數字，全因為基於他們對陳文寬的信任，及老上海生意人「閒話一句」的約定俗成，所以他將那兩張支票裝在西裝口袋裡帶回家了。

一九四五年十二月中旬，陳文寬帶了另外三名隨著他一同從中航辭職到央航來的中國籍飛行員到了加爾各達。他對那裡並不陌生，因為在大戰期間他曾在那裡住過幾年，而幾個月前他才剛從那兒搬回上海。

陳文寬不但對那裡的環境熟悉，就連銀行及美軍軍機出售的基地他都很熟，所以他在抵達的當天上午就將支票存妥。當時中華民國空軍駐印度的指揮官林偉成少將在知道陳文寬回到印度，並預備在美軍基地採買飛機之後，主動的向他表示如果美金支票兌現時間過久的話，他可以用中華民國空軍在銀行的存款來擔保。雖然後來沒有動用到林偉成將軍的關係來做擔保，但是陳文寬卻對他的主動協助，心存感激。

美軍基地指揮官是陳文寬的舊識，在獲知陳文寬又回到印度後，也主動的打電話給他，向他問好。陳文寬在電話中告訴那位指揮官，他已離開中國航空公司，並在另一家公司擔任航務處經理，這次來印度就是來向他購買飛機的，那位指揮官在了解狀況後，非常熱情的表示基地內有超過兩百架的飛機可供他挑選，並歡迎他隨時前去看看。

當陳文寬到達基地，見到那位指揮官之後，指揮官在熱情接待他的同時，也特別向他介紹一架已經裝好客機座位，並也已安裝隔音裝置的 C-53，而這架飛機因為裝備比其他飛機齊全，所以售價是三萬元，而不是兩萬元。陳文寬聽了之後覺得那絕對是一架上上之選的飛機，因為如果其機件狀況也都沒有問題的話，那麼那架飛機應該可以立刻上線營運飛行，至於多一萬美金的價格，他認為因為可以直接營運，不需整修，那多出的一萬元是值得的。於是他要求檢視那架飛機的機務日誌及飛行日誌，結果他發現那架飛機的飛行時數僅有區區四百多小時，等於是一架全新的飛機，於是他立刻表示要買那架飛機。

一架飛機買定後，因為他們一夥去了四個人，可以飛兩架飛機回國，所以陳文寬就決定再買一架飛機，第二天清晨立刻返國。

在那裡買飛機不比買汽車，他們只要在查看機務及飛行日誌之後，就可以決定要不要買，並不需要試飛，而所有飛機都是同一個價錢，因此連講價都不必了。這樣就在幾個鐘頭之後就將兩架飛機買定。

第二天上午，在加滿油之後，兩架飛機依序離開加爾各達。因為他們每個人都有相當多的飛越駝峰經驗，而且在戰爭結束後，沒有日機的威脅，他們可以避開那些險峻的高山，飛南邊一點的航線，所以那兩架飛機輕輕鬆鬆的就在當天下午飛抵昆明。

那是他第一次以中央航空公司員工的身分飛抵昆明，而他跳槽的消息似乎還沒有傳到昆明，所以當他將飛機停在央航的停機坪時，還引起了一些騷動，因為一開始大家還以為他將飛機停錯了地方。等到人們知道他已經被央航雇用，並給予航務處經理的職位時，一位老央航的員工跑過來對他說：「這家公司已經欠了我們大家幾個月的薪水了，你這個時候來幹什麼？」陳文寬聽了之後，只是笑了笑，他並沒有將銀行貸款給公司的那個條件說出來。

陳文寬本來是預備當天在昆明落地，加油之後就趕回上海，但是根據氣象報告，上海當天是密雲，所以陳文寬就決定在昆明待一個晚上，第二天再回上海。沒想到就在當天晚上他替央航做了第一筆生意。

原來，當晚陳文寬在機場附近的一家餐館用餐時，他遇見了一位以前在昆明認識的商人朋友，那人在見到他之後，馬上跑過來非常親熱的跟他打招呼。

「老陳，你好嗎？怎麼很久都沒見到你了，我一直在找你呢。」

「我已經離開中航了，所以最近沒來這裡。」

「你已經離開中航了？我還想找你包一架飛機呢。」那人在聽到陳文寬已經離開中國航空公司之後，似乎有些失望。

「嗨，我說離開中航，並沒說我離開這個行業啊，怎麼？你想包飛機去哪裡？」

「你還有飛機可以租？是哪一家航空公司？我們有一夥人想回上海，但是你知道如果走陸路到重慶，再坐船到上海，少說也要一個多月，如果先到越南再搭船回上海，也快不到哪裡去，生意人時間就是金錢，所以大家還是決定坐飛機，幾個鐘頭就到了，可是最近找不到你，可真要把人急死了，怎麼？你現在是在哪家公司？」那人將當時返鄉人的心聲說了出來，返回家園的路並不方便！

「我現在是在中央航空公司，今天剛好有一架飛機，明天飛上海，你們有多少人？」陳文寬想到還好買了那架已經裝好座椅的客機，如今馬上可以派上用場了。

「好傢伙，你到中央去了，我還不知道他們也有飛機哪，他們的飛機靠得住嗎？」那時大家都知道中國航空公司是由洋人經營的公司，在普遍崇洋的社會裡，國營的公司是不被看好的。

「不要管公司，我陳文寬飛的飛機你還不放心嗎？說吧，你們一共有多少人？」

「那當然，老陳您飛的飛機還有什麼話說，我們一共有二十四個人，你的飛機載的下嗎？」

「算你運氣好，這架飛機可以載二十八個人。」

「這麼說我還可以另外去找四個人，好的，我向您包下這架飛機。老陳，我們多少年的朋友了，你可要算我便宜一點。」其實陳文寬在那之前只見過那人幾次，都是在飛機上見的面，說不上是熟朋友，不過一談到錢，那個人就開始套交情了，陳文寬很了解那一套。

陳文寬也開始玩起商人的手法，他先很正經的算了算，然後告訴那人這一趟包機要三萬五千美金，那人聽了之後稍微想了一下，向陳文寬還價到三萬元，其實那就是陳文寬最初所想的價碼，於是他就很爽快的答應了。

就這樣，中央航空公司的第一架客機在還沒有漆上公司標誌之前，就已經將飛機的買價賺了回來。

第二天下午，當他在龍華機場落地之後，他將三萬美金的包機費用交給前來歡迎他的陳卓林時，陳卓林幾乎不敢相信那是事實，在加入公司幾天之內陳文寬就已經替公司白賺回了一架飛機！這樣的員工到哪裡去找？

買飛機只是第一步，身為航務處經理的陳文寬，除了替公司添置新機之外，還得替公司找到一群適當的專業人才來操作及維護那些飛機。

陳文寬因為自己在中國航空公司時受到歧視的待遇，所以他在替中央航空公司找人的時候，除了特別標榜同工同酬之外，也特別的去找中國籍的飛行人員，但是因為中國當時並沒有民間飛行學校，加上中華民國空軍那時並沒有退役制度，所有空軍中的飛行人員都還在軍中服役。因此除了少部分隨著他由中航轉到央航的本國籍飛行員之外，大部分的飛行人員還是來自於美國。

陳文寬同工同酬的制度，引起了中國航空公司裡華人員工的注意，他們開始向公司反應他們對於這種低於外籍員工薪水的不滿，然而這種反應並沒有得到公司任何善意的回應，反而表現出不想做就請便的態度，這種態度終於促使華籍員工在一九四六年五月間開始罷工。

那次罷工引起了中國航空公司後台老闆——汎美航空公司的注意，為了不讓罷工的風潮引起更大的效應，公司很快的將本國籍員工的薪水提高，雖然沒能完全和外籍員工達到薪資一致的標準，但是卻平息了一次危機。陳文寬看在眼裡，想起了當初他第一次因這個緣故而請辭時，公司也是用同樣的方法來安撫他。

他覺得他離開那家公司的決定是正確的！

在有了飛機及人員之後，最重要的就是航線及航班的設定。陳文寬根據當時國內的局勢，及他本人多年在各地飛行的經驗，設計出一套空運方法，他知道在內陸有大批的民眾想要早日返回家園，而濱海地區則有許多原料要運送到位於內陸的工廠，在整個地面交通網尚未成形的情況下，他決定保留飛機上原有的雙排面對式的帆布座椅，這樣在飛機飛往內陸時，可以根據客人的多寡，將部分帆布座椅收起來，以便多帶貨物，而在回程時，再將帆布座椅放下，全部載客。這樣飛機就不會有空著的時候，每次飛機的起落都會給公司帶來收入。

中央航空公司在陳文寬的運作下，不但很快的就出現盈餘，而且是相當高的利潤。這個消息不脛而走，所有的企業家及商人都看到了航空業在當時是塊金磚，因此許多人都開始想涉足這個產業。但是這一行卻不比其他行業，這是需要有專業訓練的人來經營，一般人是無法得其門而入的。

重賞之下必有勇夫，高利潤的吸引下也一定會引來嘗試者。一九四六年六、七月間，一位商人經人介紹後找上陳文寬，他表示想成立一家「大中華航空公司」，他已經找到幾位飛行員及機械工人，可以進行基本的運作。只是在購買飛機這方面，他需要陳文寬的協助，他並提出十五萬美金的支票給陳文寬，希望陳文寬能替他購買五架 C-47。

一方面是人情難拒，另一方面陳文寬也是覺得如果多一家航空公司對整個國家來說絕對是好事，因為中國夠大，絕對容得下三家航空公司。於是陳文寬就答應替那家小航空公司去找五架飛機。

剛巧那時美軍在江灣機場有一批剩餘的軍用運輸機要賣，所以陳文寬就找一天，抽了個空到江灣機場去選飛機。然而當陳文寬到那裡之後，才發現江灣機場的飛機雖多，但是與當初在加爾各達的情形完全不一樣，加爾各達的飛機是可以一架一架的買，但是江灣機場裡的一百多架飛機卻是整批拍賣，不能單買。

知道這個情形之後，陳文寬倒是覺得可以一試，因為既然是拍賣，那麼是出價最高者得標，如果標不到對他也沒有什麼損失，所以他就開始仔細的研究投標的規則。他發現投標規則裡沒有太多的規定，僅註明了底標是四十萬美金，在投標時必須註明如何付款及所有款項必須在一年內付清。陳文寬在看了之後，覺得這其實不是個很嚴謹的投標規則。

在看完投標規則後，陳文寬又實際的去觀察了一下那批飛機。那批飛機一共有一百多架，其中包括了C-46、C-47、C-45及十一架B-25，只是那些B-25其實都是已經將炸彈艙門焊死，並在炸彈艙內加上地板及座椅的改裝型客機。陳文寬覺得如果能以低價將那整批飛機標到，絕對會對公司當時的營運有正面的影響。

他當時判斷會來投標的公司，除了他的老東家中國航空公司之外大概不會再有另外的團體，因此他就下了五十萬美金的標，並註明如果得標的話他將先付十五萬美金，剩餘的三十五萬美金將分兩次，每六個月繳十七萬五千元，一年內繳清。那五十萬美金的價錢是比他預期裡中國航空公司會出的價格稍微高一點。

沒有想到開標那天，他才知道他是唯一的投標者！因為大中華航空公司的老闆給了他十五萬美金，他就用那筆錢當頭期款，因此中央航空公司等於在一分錢沒出的情況下，得到了一百多架飛機！

乍看之下，央航是在沒有出錢的情況下，得到了一百多架飛機，是天上掉下來的禮物，但是事實上央航在得標之後，才開始驚覺到隨著那批飛機而來的問題。

中央航空公司所購買的 C-46

C-46 拆下機翼以便運送

因為在得標之後是要在一定的時間內將那批飛機由江灣機場移出，這對任何一家航空公司來說都是一個大問題，尤其是那一百多架飛機中並不是每架都達到適航標準。

陳文寬先是將可以飛的飛機先飛離江灣，然後將那些需要整修的飛機找技工拆開後，以卡車拖離，但是一下子要找那麼多的技工及拖車也不是一件容易的事，許多人在多少年後都還記得那時幾乎每天晚上都有被拆下機翼的飛機在馬路上。

陳文寬本來有意將那十一架 B-25 送給空軍，因為空軍當時也有同型的飛機，他覺得空軍可以將那些改裝的 B-25 用來當專機使用，可是沒想到空軍卻因為人手不夠而拒絕了這項贈予。空軍雖然拒絕了那批改裝的

B-25，但是那件預備贈予的事卻上了媒體，那則消息反而給央航帶來不少麻煩。

因為一些左派的報紙藉著那則新聞，開始攻擊央航，說是中央航空公司捐贈了一批轟炸機給空軍做為內戰之用。任何公司團體都不希望捲入政治上的糾紛，尤其那時政府還沒有真正的開始剿共，在那個時候將中央航空公司掛上親國民政府、敵視共產黨的標籤，實在給公司增加不少麻煩，許多民眾也以反戰的心情寫信到公司來抗議，更有人拿著報紙直接到公司去叫罵。

為了要澄清這個謠言，陳文寬在大批媒體的注視下，迫不得已的將那十一架B-25的大樑斬斷，以表示那些飛機將永遠不會再飛行，整架飛機僅留下發動機當零件使用。

從那時開始，陳文寬開始了解媒體對社會的影響，他發現媒體的宣傳是會影響到人民的觀點，在沒有其他的資訊之下，人們是會被媒體所左右的，不管媒體上所報導的是實情或只是虛構的情節。

加入一百多架飛機的中央航空公司，真是有如虎添翼一般的勇猛，在全國各地的機場都可以看到中央航空公司飛機的起落，在短短的一年裡，這家本來沒沒無聞的小公司在陳文寬的運作之下，竟可以與在大陸飛行超過十多年的中國航空公司分庭抗禮，是誰也想不到的事。

第三章　黑色聖誕——飛機失事大霧中

聖誕節在西方的傳統下不只是一個宗教的節日，更是一個狂歡的節日。公司或是個人家庭都會有各式各樣的舞會及餐會派對，人們藉著這個機會將一年中工作上緊張的情緒放鬆，同時也為新的一年充電。一九四六年是陳文寬加入中央航空公司之後的第一個聖誕節，也是公司晉升成為國內兩大航空公司的一年，所以公司那天就在龍華機場的棚廠內舉行了一個聖誕餐會來慶祝這個節日。

那天天氣不好，一清早就是大霧漫天，到了下午濃霧仍沒散去。陳文寬知道在那種天氣，如果飛機沒有儀器協助的話是無法進場落地的，所以他在下午三點多時，下令所有前來上海的班機都在原地待命，等上海天氣轉好了之後再出發，如果已在途中的話則返回出發地或找最近機場落地。

命令下達之後不久，航務處傳來消息，由重慶飛上海的四十八號航班那時已經通過南京，南京氣候與上海一樣不適合落地，最近的機場則是在漢口，而當時飛機的油料已經不夠轉回漢口了，所以機長決定繼續前飛到上海。陳文寬聽了之後，立刻指示讓那架飛機轉降江灣機場，因為美軍在那裡裝設了最先進的GCA（Ground Control Approach）落地系統，那個系統可以在低能見度下，利用地面雷達的管制，將飛機引導至跑道上。

公司的餐會是由五點開始，而陳文寬卻在此時聽到了飛機的聲音，起初他還不以為意，因為他知道那架四十八號航班的飛機已經接到轉降江灣機場的指令，但是飛機的聲音卻持續傳來，這使他開始擔憂。江灣機場在龍華北邊約二十公里，飛機在那裡降落的話，龍華應該是聽不到飛機的聲音，這源源不斷的機聲表示飛機一直在龍華機場附近盤旋，那不是一個正常的現象。於是陳文寬趕緊打電話到航務處去詢問飛機的狀況，在航務處當班的職員告訴他，目前在龍華上空盤旋的並不是中央航空公司的那架四十八號航班飛機，而是中國航空公司的飛機，他們也是因為氣候的關係無法落地，而在空中盤旋。

雖然知道空中的飛機不是自己公司的飛機，但是陳文寬的心中卻有一絲不祥的念頭，因為即使江灣機場有 GCA 的設施，飛行員本身也必須有相當的訓練才可以與地面的管制員合作，將飛機在惡劣的氣候下，安全降落於跑道。而據他所知那時真正懂得飛行儀器並能做 GCA 的飛行員並不多。

果然不久之後就傳來消息，那架四十八號航班在江灣進場時失事，飛機摔在江灣機場北邊的張家宅附近，飛機墜毀的現場距跑道頭還不到五百呎。

本來預備狂歡的聖誕餐會，在聽到這個消息之後草草結束，陳文寬及陳卓林兩人及一些公司職員匆匆的趕往失事現場，去處理相關事宜。

當他們趕到失事現場時，發現飛機在墜毀時將地面的幾棟民房也夷為平地，現場一片大火，即使是在嚴冬，陳文寬站在半條街之外，都可以感到那陣陣傳來的熱氣，據當時在現場施救的消防人員向他表示，不但全機所有人員都在失事時罹難，地面也有一人死亡，三人重傷。

中央航空公司的那架飛機墜毀之後，空中還有另外三架中國航空公司的飛機還在盤旋等待。那三架飛機就在江灣機場與龍華機場之間來回的飛著，希望能碰巧在霧中遇到一些間隙，使他們可以穿霧而出，找到機場。但是老天卻沒有讓他們如願，中航的第一〇四號班機在晚上七點五十分因飛機燃油用罄而墜毀於龍華機場南邊，距離機場跑道只有三十呎！一個多鐘頭之後，大霧似乎散去了一些，於是中航第一一五號班機預備試著在龍華機場降落，沒想到飛機卻在進場時失速，墜毀於距龍華機場西南滬閔公路三號橋附近的河中。

當晚最後一架飛機卻在其餘三架飛機失事後，奇蹟似的降落在江灣機場，那架飛機上的旅客在下機時，都對飛機的嚴重誤點感到相當的氣憤，有人在進入機場的大廳時還對著地勤人員破口大罵，但是當他們聽到當晚有三架飛機都因天氣關係失事時，他們才意識到

他們其實是在鬼門關前闖過一關。

一天晚上有三架飛機在上海相繼墜毀，這在當時是個轟動全國，甚至全世界的大新聞。各界紛紛指責航空公司以落後的裝備草菅人命，同時也怪政府對那兩家航空公司的監督不力。而中國航空公司因為有兩架飛機在那天失事，中航的全體飛行員也聯名向政府當局提出了改善機場及飛機設備、徹底調查失事原因等二十八項要求。

陳文寬在一開始就知道這是一樁因天氣關係而導致的飛行事故。天氣是他所無法控制的因素，但是飛機在江灣機場以 GCA 程序進場時，會摔在跑道頭外面，那就表示是人為的過失了，這可能是飛行員在進場時沒能完全注意飛機的狀態，或是 GCA 的管制員在引導過程中產生失誤，但是不管是誰的過失，它的代價卻是無可彌補的！

在痛定思痛的過程中，如何在這次的失事中學到教訓，以避免日後再有相同的事件發生，是相當重要的一個部分。陳文寬當時就決定所有的飛行員必須每個月都必須執行一次 GCA 落地的練習，但是那時全國有 GCA 設施的機場寥寥無幾，遇到天氣不好的時候，還只有循照早期飛行的規定，那就是停飛！

第四章　內戰爆發——國共相爭生意好

抗日戰爭結束後，全國人民所盼望的和平並未到來，因為國軍與共產黨所控制的部隊在接收日軍的據地與武器時，所產生的大小衝突越來越多。一九四六年初，共產黨的部隊在蘇俄的力挺下欲接收東北各省的日軍裝備，為此國民政府與共產黨發生了正面衝突。很快的，這種衝突就蔓延到了華中與華北。

國民政府在一九四六年一月初與中央航空公司聯絡，希望能包飛機將軍隊由北平運送到瀋陽。這其實應該是空軍空運隊該做的事，只是那時空軍的空運隊還沒有那個能力，所以空運隊的大隊長衣復恩上校就將這個機會讓給了他的師父——中央航空公司的陳文寬（詳情請看《螺旋槳邊的歲月》）。

陳文寬在得到這個消息之後，他就先自己飛了一趟北平及瀋陽，先去查看當地機場的設施，及聯絡當地機場附近的旅館，以安排組員過夜的需求。當他在北平停留時，他見到了那些將被運送到瀋陽的軍隊，他發現那些兵竟然僅穿著薄薄的棉襖，還有許多人只是穿著草鞋，他們在火車站附近的一個倉庫裡，靠著幾個炭火爐在取暖。這個現象讓他大吃一驚，因為如果他將這樣的軍隊送到瀋陽去打仗的話，不需要上戰場，光是嚴寒的氣候就會讓那些部隊損失過半。他連忙將這個消息告訴與他聯絡的國防部軍官及衣復恩，結果兩天之後他接到國防部的通知，那個運兵的行動暫緩執行。這樣雖然使他失去了一筆相當大的生意，但是他覺得他對得起自己的良心。不過，他也想到，即使那些軍隊不被送到東北，他們的服裝在北平的天候下也算是單薄，國家在那種寒冷的天候下將怎麼安排他們？

雖然陳文寬沒有將那批軍隊空運到東北，但是那裡的衝突卻持續升高。這事件讓美國非常的困擾，因為美國不願意讓中國變成共產國家，更不願意見到美國用二次大戰的鮮血所換得的西太平洋地位在中國消失，因此派出五星上將馬歇爾前來中國，希望在國民黨與共產黨之間居中調停。

馬歇爾由一九四五年底到一九四七年初，在國共兩黨之間組成三人小組，希望能化解兩黨之間的歧見，但是終因兩黨的政治目的不同，而無法達成協議，馬歇爾的調停任務終告失敗。兩黨的武力衝突日趨嚴重，大小戰役在東北、華北陸續爆發。

就在內戰的烽火由東北向全國蔓延之際，中國的航空運輸界又多了一個競爭者，那就是由飛虎隊的創辦人——陳納德將軍所組成的民航空運隊（Civil Air Transport）。陳納德在戰後回到中國，發現空運業在那時是一個發展蓬勃及前途看好的行業，於是他就利用他在戰時所立下的良好人脈，創立了民航空運隊。在初期的時候他們只是替行政院的善後救濟總署運送救濟物資，但是很快的民航空運隊的生意就延伸到了國防部，開始接下運兵及空運補給的生意。

因為中國面積廣大，而地面的交通網不甚發達，所以國民黨部隊所駐守的地區大都為城市，共產黨則因土根性較強，同時利用廣大的民眾來做其後盾，所以就經常將國民黨的部隊包圍在城裡，國軍被圍困在城裡時，因為無法由地面得到外界的補給，只有寄望於空中的運補，當時國內的兩大航空公司，及民航空運隊就在當時起了極大的作用，陳文寬記得那時中央航空公司有超過一半以上的航班是替國民黨軍隊運補及空投。

在中國做生意，即使是最先進的航空運輸業，也要循著最古老的生意經，那就是凡事靠關係！陳納德靠著他在中國政府裡的人脈，打通層層關節，不但讓他以一個外國人的身分順利的拿到航空公司的營運執照，更讓他取得了利潤不菲的國防部合約。同樣地，陳文寬在經營中央航空公司的時候，他與空軍的關係也讓他取得了不少的方便。

比方說位於內地的重慶與昆明，附近並沒有任何煉油廠，所有的汽油都要仰賴由外地運進去，十多年前當陳文寬在飛漢口到重慶的航線，或香港到重慶的航線時，都是在去的時候將油箱加滿，這樣就省去了回程時在重慶加油的麻煩。但是在去程時將油箱加滿，就會導致載貨量的相對減少，所以那也不是一個很好的辦法。等到陳文寬開始在中央航空公

司負責營運的時候，那因滿油而導致運貨量的減少就成了他必須解決的問題。於是他就與空軍總司令部裡的熟人聯絡，商量多次後取得了一個協議，那就是央航的飛機可以在邊遠地區的機場，向空軍借汽油，這樣飛機在飛往那些地方的時候就不必帶著回程的汽油，而可以多帶貨物或客人。而那些所借的汽油則由中央航空公司在上海還給空軍，同時央航也在飛機有空位的時候，可以將那些空位提供給當地的空軍人員。這種對空軍駐地人員實質的優惠，都會讓那些空軍官兵見到央航的飛機或人員時，主動樂意的去給予更多的方便。

第五章　探索新高——探險勘查積石山

二次大戰期間，在美軍尚未取得塞班島之前，為了能直接對日本本土進行轟炸，美軍於一九四四年在中國的成都，興建了一個可以供 B-29 起落的新津機場，數以百計的 B-29 重轟炸機由美國進駐成都。

在那些 B-29 由印度飛越駝峰抵達成都時，許多飛行員在經過成都西邊的積石山時，都覺得那座山要高過世界第一高峰——喜瑪拉雅山上的聖母峰。這個傳聞雖然沒有得到證實，但是卻非常的聳人聽聞，並且很快的就在飛行員間流傳開來。

抗戰勝利之後，那個傳聞不但沒有銷聲匿跡，反而引起了美國科學界的興趣。美國《生活》雜誌社更決定正式發起積石山的科學考察，他們找到波士頓科學博物館館長華士本博士，請其出面主其事。華士本是美國著名的高山製圖專家，也是研究阿拉斯加冰川和聖母峰地形的權威。整個考察行動也取得了美國的一位百萬富翁——原子筆大王雷諾（Milton Reynolds）的贊助。

雷諾的那架命名為「中國探險家」的 C-87 運輸機，在一九四八年三月七日抵達上海，但是他其實真正的目的並不是在考察積石山，而是想在中國尋找商機。所以在剛到上海的

陳文寬在起飛前往積石山前，與外籍記者在機前合影

那幾天，他完全專注在他為原子筆所做的廣告與宣傳之中。

當陳文寬最初由 B-29 飛行員處聽到積石山的傳聞時，他就知道那只是一個謠言，因為他曾在積石山附近飛過，根據那時他本身飛機的高度及他目測的判斷，加上他飛越 K-2（喬戈里峰，請參閱《螺旋槳邊的歲月》）的經驗，他知道積石山的高度絕不會超過喬戈里峰，遑論喜瑪拉雅山的聖母峰。

當全國的新聞都關注在美國的探險團時，陳文寬正忙著替央航開拓另一條由上海前往迪化的新航線，所以他就沒有太注意那些新聞。直到當年的三月三十日，陳文寬由新聞上得知那架 C-87 在北平預備起飛前往積石山的飛機，因右主起落架陷入滑行道旁邊的泥沼，導致起落架折斷，四號發動機螺旋槳觸地損壞之後，那則探險新聞才引起了陳文寬的注意，但他所注意的並不是探險的行動，而是那件飛機的意外事故。

他覺得一個飛行員對飛機的每一個部分都要負責，由發動機啟動到最後落地熄火關機，每一個步驟都需要全神貫注，像這樣在滑行中將主輪陷入泥沼，絕對是飛行員的疏忽所造成的。

那架飛機在修復後，並沒能繼續完成對積石山的空中考察，而整個考察團也匆匆的離開中國。不過雷諾所引起全國人民對「積石山」的興趣，卻未減輕。在這個情況下，陳文寬覺得他可藉著在西北開拓航線的機會，駕機到積石山去實地觀測並考證那座山的高度。

陳文寬在四月十六日帶了十四位新聞記者及幾位中央研究院的院士，架著一架C-46運輸機由蘭州起飛，直奔積石山而去。那天天氣很好，在起飛不久就可以目視那座山，C-46的升限是兩萬四千呎，陳文寬將飛機保持在一萬五千呎左右，圍著那座山繞了兩圈，在那個高度他由目視推測，積石山的高度應不會高過兩萬呎，他的推測經中科院的院士認可後，他將飛機爬到一萬九千呎，在那個高度他竟可以由積石山的山峰上通過，由此可以判斷積石山的高度遠遠的低過喬戈里峰，更不要說是聖母峰了。至此，沸沸揚

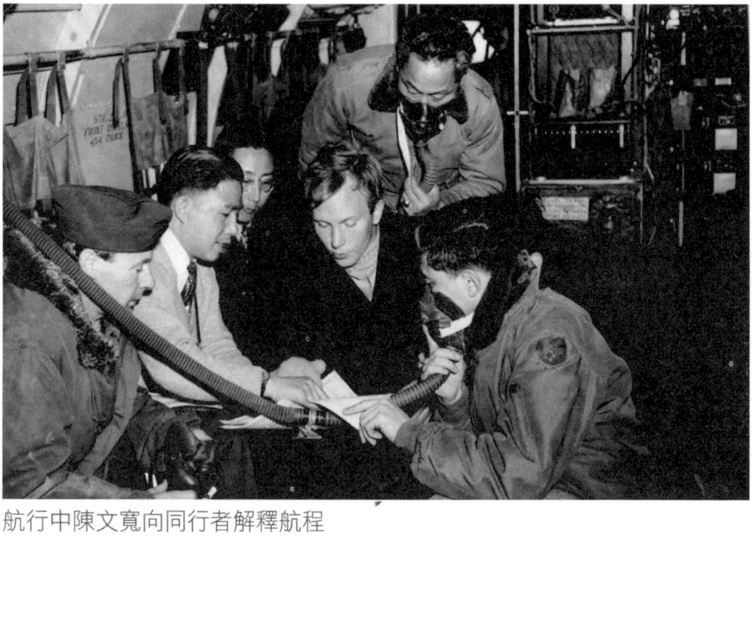

航行中陳文寬向同行者解釋航程

揚了數月之久的探險熱終於告一段落。

由這件事陳文寬感覺到外國人對中國人的歧視，其實是由中國人對外國人無由的崇拜而引起的。中國國內那時根本就有探測積石山高度的能力，但是卻盲目的相信「遠來的和尚會唸經」，因此漠視了國內的能力，而請來探險團隊的飛機駕駛員，竟連滑行都會出錯（註一），整個探險團隊的素質可想而知。

註一：陳文寬對那架飛機飛行員的評價並沒有錯，那位飛行員 Bill Odom 在次年（一九四九）九月於美國 Ohio 州，參加飛行競賽時墜機身亡。

第六章　購買新機——最新賣點增壓艙

一九四八年春天，陳文寬已經升任央航的副總經理一職，央航在他管理的兩年之間業績蒸蒸日上，有時甚至超過老字號的中國航空公司。於是陳文寬開始為公司的下一步著想，他想著那時中航、央航及陳納德的空運隊所使用的飛機都還是二次大戰時的空運機種，如C-46及C-47等飛機，中航雖然那時已添加了C-54，用於開拓中美航線之用，但那也是軍用C-54的民用型飛機，並沒有先進的增壓艙設計。而陳文寬那時並不急於開闢中美航線，因為他了解那時中美之間的客源有限，根本無法養活兩家航空公司，所以他還是專注在經營國內的航線及政府方面的包機業務。

不過，他卻覺得在國內航線上，他需要有更新的招數來與中航競爭，那時他所想的是引進全新的飛機，而那些新飛機必須要有讓人可以感覺到與現有機種顯著不同的地方才行。於是他開始與美國各飛機製造公司聯絡，看看他們有沒有什麼飛機可以滿足他的需求。

經過兩個多月的挑選後，最後的兩個競爭者是馬丁公司的2-0-2型，及康維爾公司的240型。這兩種客機的價錢相差不多，性能也在伯仲之間，不過兩者之間最大的差異就是康維爾 240 是一架有增壓艙的飛機，客人不需添加禦寒衣物就可以在兩萬四千呎的高空飛行。陳文寬知道這就將是他在競爭時的新賣點！

沒想到就在陳文寬選定了飛機之後，康維爾公司卻通知他飛機的價格由原來的三十萬美金一架，漲到了三十五萬！這樣一來如果照計畫買四架的話就要多花二十萬美金。陳文寬不知道那是飛機廠商玩的花樣，或是真是因為通貨膨脹而導致的漲價（前一年美國的通貨膨脹率高達 14.4%），因為如果真是因為通貨膨脹的原因的話，那麼就很難去殺價了。

於是陳文寬在和廠商代表商談的時候，表示他了解對方必須漲價的原因，但是對方也必須明白，那筆生意將是康維爾公司那型飛機的第一筆亞洲生意，如果在營運方面能夠證明那架飛機適合亞洲市場營運方式的話，那麼後續的生意將是很可觀的。

廠商代表將陳文寬的意願傳回公司之後，很快的就得到了公司方面的回應，他們表示如果央航可以多買兩架的話，那麼公司願意將每架的單價降回到三十萬。

陳文寬在接到消息之後，很快的就與康維爾公司簽了六架的合約，當時預定第一架飛機在次年的五月間交機。

只是，陳文寬並沒想到在康維爾如期交機之後，因為時局的變遷，他卻無法如期的將那些飛機放進市場開始營運。

一九四八年上半年整個東北及華北的戰況是越來越糟，雖然蔣中正先生在民國三十七年四月，當選為中華民國行憲後的第一任總統，但是他的當選卻無法阻止整個局勢的惡化。長春仍然被共軍緊緊的包圍著，城內的餘糧已不夠六十萬居民及五萬餘部隊的食用，為了解決糧食問題，長春的守軍開始開放關卡並鼓勵人民出城，但包圍在外的共軍卻把出城的人民又趕回去，很明顯的共軍是要居民吃光城裡的糧食，減少長春的防衛能力。

政府為了支援長春的居民及守軍，由當年五月起，向各個航空公司包用飛機，開始對長春空投糧食。三家航空公司的飛機加上空軍本身十大隊的C-46運輸機，每天出動數十架次前往長春空投。但是那時共軍在蘇聯的支援下，已有一隻相當強悍的防空火力，那些強烈的高炮火力對於空投的飛機產生了相當的嚇阻作用，所以在空運機前往空投時，必須保持相當的飛行高度，在這種情況下空投的準確度就受到不小程度的影響，所投的糧食有多少飄到城外被共軍撿去，就不得而知了。

那些包機的生意雖然帶給央航一些額外的進帳，但是陳文寬卻為整個時局感到非常的悲觀，他不認為政府有能力解除長春被圍的情況，而困在城內的軍隊也沒有突圍的力量，在那種情況下政府難道就沒有任何其他的計畫？陳文寬知道他自己並不了解軍事，但是他以一個生意人的眼光去看這場戰爭，覺得政府必須訂下一個停損點，否則整個國家將會被這一個戰場拖垮！

當年十一月初陳文寬前往美國，去與美國航空公司商量代訓央航飛行員換裝康維爾新飛機的訓練事宜，因為美國航空公司在當時有一個完善的飛行員訓練中心，而且美國航空公司也是第一家使用康維爾 240 的公司，陳文寬覺得他們除了可以代訓飛行員之外，也可以分享一些那種飛機的使用心得。

那次赴美之行，陳文寬是帶著全家出遊，他們是搭菲律賓的 DC-6 由馬尼拉經關島、中途島、夏威夷再到洛杉磯，那也是他第一次搭乘有增壓艙的飛機，他覺得那真是人類科技上的一大發明，他想起僅是五年前他在飛越喬戈里峰時，在那架沒有艙壓的 C-53 裡，不但要穿上通電的電熱飛行衣，還要穿戴上厚厚的手套，即使那樣他還是可以感受到高空的酷寒。如今他竟可以在兩萬呎高空的機艙中，僅穿著一件薄西裝，科技的進步真是令人嘆為觀止。

抵達洛杉磯之後，他先去參觀位於聖地牙哥的康維爾飛機公司，在那裡他除了見到了康維爾 240 的生產線，更參觀了當時最大的轟炸機 B-36 的生產線。以前他在抗戰時見到美軍的 B-29 時，他就覺得那架飛機大的嚇人，但是這次見到 B-36 時，他只能說 B-29 放在 B-36 旁邊，真是小巫見大巫了。

在康維爾公司時，該公司負責接待他的人向他表示，央航所訂的六架飛機中的兩架應可以如期在次年五月交貨，以後每一個月可以交一架。陳文寬聽了之後，覺得他應在次年的四月，就派飛行員到美國來接受訓練，這樣就可以在完訓後將那兩架飛機飛回國內。

參觀完康維爾工廠之後，陳文寬再帶著全家飛往德州的沃斯堡（Fort Worth），因為當時美國航空公司的訓練中心就位於沃斯堡北邊約八十餘哩的阿德摩（Ardmore）。美國航空公司為了表示對這位遠來顧客的歡迎，他們派了一架 DC-3 專機到沃斯堡來接他，只是這趟八十餘哩的旅程竟讓那架飛機飛了近一個鐘頭，那是因為飛機除了進場及離場時要與塔台聯絡外，整個航程也都在航管的控制之下，這對陳文寬來說也是開了眼界，因為那時在中國的空中交通並不發達，所以飛機除了在起飛及落地時需要與地面聯絡之外，航程中並沒有航管的管制，完全靠飛行員自己的本事，飛行員除了要知道自己在哪裡，要往哪裡去之外，更要睜大眼睛，看看附近有沒有其他的飛機。

在與美國航空公司訓練中心協商的時候，陳文寬表示將送十二位飛行員前來接受訓練，其中包括六位中國籍的飛行員，為此訓練中心的主任還特別詢問了一下那幾位將前來受訓的六位中國籍飛行員的英文程度，因為之前他們有訓練幾位英語不太順暢的泰國籍飛行員的經驗，不但費時而且相當危險。陳文寬向他表示，那幾位飛行員雖然是中國人，但全是在美國土生土長的華僑，英文程度要超過他們的中文程度。

訓練中心主任表示全部訓練課程將費時兩個月，陳文寬聽了之後，覺得時間太久了，他記得當初他在紐約接受 C-54 的訓練時，也是由美國航空公司代訓，那時他只花了一個月就完訓了。於是他將他的經驗說出來，並表示因為央航人手不足，公司實在無法讓十二位飛行員來美國接受兩個月的訓練，況且在上海的時候，美國航空公司的代表，曾口頭答應他可以在一個月之內讓那十二位飛行員完訓。

為了這個問題，雙方無法達到共識，最後還把美國航空公司的總經理給請了出來，陳文寬將他自己的經驗提出來，然後建議將訓練課程上的一些課程合併，航路訓練取消，因為陳文寬覺得飛行訓練已經給了飛行員足夠的機會去熟悉飛機，航路訓練是針對美國航空自己的飛行員所設計的課程，對於中國飛行員則是毫無用處。

美國航空公司的總經理聽了陳文寬的理由之後覺得有理，因為在美國飛美國航線，對於一個以後將完全在中國飛行的飛行員來說是沒有多大用處，於是同意將那航路訓練的課程取消，也同意將某些課程濃縮，但是另外的一些課程則堅持美航的原有規範。陳文寬聽了之後，再看看已將訓練課程由兩個月減到了五個星期，知道那是美航也要留一些面子，所以他就沒再堅持。

辦完了康維爾公司及美國航空公司的事之後，那次美國行的公務已完全辦完，於是他就帶著妻子女兒前往紐約，開始度假。陳文寬上次來紐約時是還在中國航空公司任職的時候，那次他是到美國接受四引擎的飛行訓練，及將一架租借法案中給中國的飛機飛回中國，那時他就想著在戰後他一定要帶著妻女再到紐約玩，去真正的享受一個完美的假期。

如今，當他帶著家人在摩天大樓的蔭影下逛著第五大道，看著洛克菲勒中心的人群時，他的心情卻無法放鬆，那是因為他知道隔著太平洋的祖國正受著戰火的摧殘，他的事業要靠一個和平安定的社會才有發展的可能，他雖然剛為公司的發展買了幾架新飛機，但是，他知道如果中國的整個政局有任何巨大的變動的話，那一切都可能在瞬間化為烏有。

當年的感恩節上午，陳文寬帶著女兒華英及妻子到紐約中城梅西百貨公司前面，去看感恩節的大遊行，這對在中國長大的華英來說是一個很大的震撼，她從來沒有見過那麼大的動物模型氣球，因此她興奮的一直在大叫。

看完感恩節的遊行後，陳文寬立刻帶著妻女到中央車站，搭火車前往費城去看美國陸軍與海軍之間的足球賽，那場球賽是美國足球季的一個大事，事實上他們所搭乘的火車就是為球迷們所開的專車。因為他們是受當時駐美的毛邦初將軍所邀，而毛將軍又因工作關係而得以拿到幾張在球場邊界小套房觀球的特等票，所以陳文寬一家人得以在小套房裡，靠著炭爐的暖氣，喝著啤酒，輕輕鬆鬆的看球，只是華英對足球毫無興趣，在小套房裡的沙發上整整睡過了全場球賽。

當天夜裡，陳文寬拖著疲憊的身軀，抱著華英回到紐約的旅館時，一封電報將他完全驚醒。那封電報是由央航在上海的總公司發來的，上面簡單的寫著因為戰火逼近上海，公司已決定將維護部門及行政部門遷往廣州，僅將航務部門留在上海，支援對太原的空投。

陳文寬接到消息之後，不禁想到太原將是另一個長春，這樣下去，整個中原即將不保，到那個時候，還有什麼地方可以退呢？

在美國度完一個多月的假之後，陳文寬於十二月下旬啟程返回上海。他還是搭菲航的DC-6 橫渡太平洋，在抵達馬尼拉之後，才改搭 DC-3 飛往香港。在由馬尼拉到香港的那一段航程中，飛機飛到半途時突然轉彎折返馬尼拉，飛行員在向乘客報告時，只說因為天候的關係，香港機場關閉，所以必須折返。直到飛機回到馬尼拉落地後，陳文寬才由飛行員的口中得知，中國航空公司的一架 C-54 客機在香港附近因為天候的關係墜毀，全機所有人員無一倖存。

因為中國航空公司是陳文寬的老東家，他幾乎認識所有的飛行員，所以陳文寬在聽到這消息之後，非常焦急的打電話到香港去詢問詳情，想知道是誰在飛機上。結果他發現那架飛機上竟然還有當時中國航空公司的資深副總裁昆廷・羅斯福（Quentin Roosevelt）先生。他是美國老羅斯福總統的孫子，在戰後才到中國加入中國航空公司，沒想到竟在天候導致的意外中罹難。

那又是一件因為天候關係而失事的飛機，陳文寬實在是不願意去苛責那位已經殉職的飛行員，但是他不了解為什麼總有人要去做自己沒有把握的事呢？如果那位飛行員像陳文寬那架菲律賓航空公司的飛行員一樣，在知道天候突變而自己又沒把握可以安全落地的情況下，立刻調轉機頭回航，那麼除了公司損失一些汽油之外，所有的人都會躲過一劫。但是他也知道，如果那位飛行員在那天斷然回航的話，在回到上海之後，一定會有幾位乘客將他罵到臭頭，然而，被罵不是要比失去生命強太多了嗎？

第七章　亂世時局——公司出路難決定

陳文寬回到上海後沒有幾天就是一九四九年元旦，雖然一年復始，但是萬象卻沒有更新，繼東北在一九四八年底淪陷之後，徐蚌會戰在一月十日以慘敗結束，隨之北平及天津相繼在一月間淪陷，上任不滿兩年的蔣中正總統於一月底被迫引退，全國陷在一片混亂之中。

政局雖然不穩，但是中央航空公司的生意卻還是很好，那是因為許多人都爭相購買機票遷往廣州，或是台灣，另外每天幾十班的太原空投包機任務，也無法讓那些飛行員們閒下來。陳文寬看著每月的業績節節上升，但是心中卻沒有一絲歡欣的感覺，因為他知道那不是正常的現象，他擔心的是在所有的事件走到盡頭之後，在國民政府徹底的被共產黨玩完之後，公司將何去何從？他個人又將何去何從？

那時公司裡似乎只有他一個人在為公司的前途著急，公司高層看著每天源源不斷的進帳，笑的合不攏嘴。陳文寬為了公司的營運，也沒時間去和他們討論公司日後的計畫，他只是奇怪那些人怎麼會認為這場仗會不停的一直打下去。

四月底太原終於淪陷，幾家航空公司的金雞母頓時消失，共產黨的軍隊也在四月

二十三日攻下南京，大軍隨即逼近上海。那時才有人開始意識到整個局勢已是岌岌可危了。陳文寬在四月底之前就趁著公司的航務部門搬到廣州之際，順便將自己的家搬到了香港。那時康維爾 240 新機在美國即將交機，本來公司高層預備前往美國參加交機典禮的儀式，也因國內的戰況而取消，僅由完訓的飛行員直接將新飛機飛回國內，返國的地點也因上海局勢不穩而改成廣州。

就在那時，有一天有兩位自稱是復旦大學學生的年輕人到龍華機場央航的辦公室去找陳文寬，他們見了陳文寬之後，表示有事想和他商量一下。當時陳文寬以為他們是要替學生包飛機前往台灣或是廣州，所以就將他倆請到辦公室去談。那兩人進到辦公室之後，立刻開門見山的表示希望陳文寬能將中央航空公司投向共產黨，他們並列出許多在共產黨下的好處，希望陳文寬能夠對他們的建議加以考慮。陳文寬聽了之後，向他們表示他只是負責公司的航務部門，至於整個公司的動態及方向，必須由行政部門及董事會決定。那兩位繼而表示他們知道陳文寬在公司內其實影響力很大，所以他們才會前來找他，陳文寬這時站了起來，告訴他們他即將有一趟飛行，必須開始準備，那兩位見狀，知道多談無效，於是悻悻然的離開了陳文寬的辦公室。

陳文寬了解這是共產黨試著控制這家航空公司的第一步，他們絕不會因為他的拒絕而

康維爾新機抵達廣州後，陳文寬與飛行員合影

死心，他們一定還有其他的管道與辦法來策動。他又想著：他們在遊說自己的同時，會不會也派人在與陳卓林接觸？

五月底時上海因為官方許多單位都已不告而離，整個城市已成三不管地帶，陳文寬在五月二十日下午，親自駕著一架DC-3由廣州飛抵上海，將公司最後留守的一些人員撤出。他也順便再回了一次位於龍華機場旁邊的家，並不是回去拿任何東西，而是去做最後的巡禮，因為他知道這一走，將會有很長的一段時間不能再回到那個家了。

那天當陳文寬由龍華機場駕機起飛之際，由駕駛艙往外望，翼下的上海似乎非常的平靜，但是他知道此時還在上海的人們，心中該是相當的恐慌及矛盾，他想起了十二年前，上海的國軍與日軍在上海開戰之際，他也是由那個機場起飛，飛往南京，當時由空中看上海已是硝煙一片，但是他認為那時人們的心都是一致的抗日，而自己也沒有如今的惆悵，當年他雖然沒有想過何時可重回上海，但是卻從來沒懷疑過他可以再回到那十里洋場，那次他等了八年才回到上海，然而這次離開之後，會等多久才能再回來呢？他沒有任何把握！

康維爾新機抵達之後，半壁江山已經易主，可飛的航點亦已不多，於是陳文寬將它放在央航廣州到曼谷的航線。當初陳文寬開這條航線時有他的考量，因為他覺得在東南亞一代的華僑那時以泰國華僑最富有，也最有能力搭飛機回國。後來證明他的決定是正確的，那條航線的載客率始終要比中國航空公司的美國航線要大得多。

整個大陸的狀況越來越糟，五月底上海、漢口淪陷，六月青島失守，七月南昌及宜昌相繼不保。每一個城市的陷落，就代表著中央航空公司失去一個航點。八月中旬公司裡已有人開始談及投向共產黨的可能性，由上次復旦大學的學生去找他的經驗，陳文寬覺得有員工想投往共產黨的陣營是必然的現象，但是陳卓林總經理還沒鬆口，所以陳文寬覺得那些意見只是員工間的談話題材，就沒太注意。因為他正忙著想辦法如何讓公司度過那段困難的時期。

當時他覺得他的第一個難題就是：如何替公司裡六十餘架還可以飛的飛機去找一個適當的基地。在上海淪陷之後，那些飛機是分別以香港及廣州做為基地，而被同樣問題所困擾的中國航空公司及民航空運隊，也是採取同樣的解決方法，但是香港當局在三家航空公司大量飛機進駐之後，就有「機」滿為患的困擾，於是與這三家公司商量，請他們儘快將那些飛機移出香港。

陳文寬想到解決這個問題的第一個選擇就是台灣，因為中央政府已經陸陸續續的將許多部門遷往那個島上，而且那裡有許多機場，同時與大陸隔著一個海峽的天然屏障，台灣

康維爾首航曼谷，陳文寬在抵達曼谷後與組員合影

將是個相當可靠的選擇。

於是在八月中旬他就駕著一架 DC-3 由廣州飛到了台北的松山機場，在那裡他意外遇見了當時的空軍副總司令王叔銘，王叔銘是他多年的老友，以前在抗戰期間陳文寬曾多次以中國航空公司的飛機載著他前往許多地方，這次在台北相逢，兩人都是相當的興奮，王叔銘問他為什麼會在這個時候到台北來，於是陳文寬將他當前的困境向王叔銘解釋，並希望王叔銘能提供他一些意見。

王叔銘在聽了他的話之後，嘆了一口氣，站起來走到牆上掛著的那幅台灣地圖對他說：「空軍即將會將所有的飛機都撤到台灣，目前西岸的所有機場都已有了用途，唯一能提供給你的機場就是在東海岸的宜蘭機場。」

聽了王叔銘的話之後，陳文寬立刻警覺到中央政府已經決定放棄包括重慶及成都的西北據點，那麼台灣不僅是一個選項，而且是唯一的選項了。既然王叔銘建議他到宜蘭機場，陳文寬立刻答應，並表示他當天就會前去觀察一下。

離開王叔銘之後，陳文寬馬上駕機起飛，根據地圖前往幾十哩之外的宜蘭。當陳文寬在那裡落地之後，他發現王叔銘很大方的將那個機場讓給他是有原因的，因為那個基地除了有跑道及基本建築外，什麼都沒有。而跑道也是年久失修。由山邊流下來的泉水已將跑

道下多方地基沖失，他那架 DC-3 落地時就將跑道許多地方的水泥壓碎，而他那架飛機還只是空機而已。

陳文寬下機之後，開始檢視機場的建築物時，他更是失望。因為那些建築的屋頂及地板都因為雨淋而已霉爛，而且所有的門窗都已被卸下偷走。他想著如果要將航空公司的基地搬到那裡，那麼公司必須要先將跑道及房屋徹底改建，除了要花一大筆經費之外，時間更是問題，以當時的情況看來，他不相信台灣有哪一家工程公司可以在一兩個月內，將那個機場翻修到可以進駐的情況，況且，他也不知道他還有沒有兩個月的時間！

陳文寬失望的飛回松山，向王叔銘報告這件事，並問他有沒有其他的地方可以供中央航空公司停放飛機，並做暫時的基地，但是他失望了。

當陳文寬回到廣州，正準備向陳卓林報告台灣方面的情況時，沒想到陳卓林竟先來找他，要與他談一談公司的問題。兩人坐定之後，陳卓林先發了一陣子牢騷，抱怨國民政府的腐敗及軍事行動方面的無能。

「…照目前的情勢看來，頂多一個多月之後，我們就沒有地方可以飛了。」陳卓林說。

「是的，這是個大問題。」陳文寬沒有表示他的意見，他想先聽聽陳卓林有什麼想法。

「文寬，你一向是挺有主意的，你覺得我們下一步該怎麼走。」陳卓林也很小心，他想知道陳文寬有沒有什麼錦囊妙計。

「卓林，在營運與航務方面我可以給你建議，但是這個問題我目前想不出什麼辦法。」

「你覺得我們應不應該向那邊靠過去，這樣我們可以恢復我們以前所有的航線。」陳卓林終於將他的想法說了出來。

「如果你有這樣的想法，你該在幾個月之前北平還沒淪陷的時候就去做。」

「你認為現在做太晚了嗎？那邊有人與我聯絡，說我們可以隨時過去。」陳文寬一聽，知道和他原來所想的不差，對面在五月間派人與他聯絡時，也同時與陳卓林聯絡。

「你不要忘了，幾個月之前你公司的飛機還每天進出太原，在協助對方所認定的敵人，你想共產黨會假裝不記得這件事嗎？」

「那是商業行為，不是與他們直接為敵，直接作對，我想他們會了解。」

「你說的一點都沒有錯，那是商業行為，但是我不知道共產黨會不會認定這是牆頭草的行為。他們說不定會想，昨天你會因為一點利益和他作對，今天因為他得了天下，你就向他靠攏，那麼明天他再與別人為敵時，你會不會再度因為一點利益而把他出賣了呢？」陳文寬把積在心裡的想法說了出來。

聽了陳文寬的分析，陳卓林想了一會兒，然後說：「那你有沒有什麼主意呢？」

「現在的情形真是很糟，比我幾個月以前所想的還要糟，我真是沒有什麼主意，但是我想我不會向那邊靠過去。」

「你預備跟著國民黨政府去台灣？共產黨解放台灣是遲早的事。」

「天下那麼大，難道只有國民黨及共產黨這兩個選項嗎？」

「文寬，我們認識也不是一兩天了，你有什麼打算該同我說，尤其是在這個時候。」

「我說過，目前我對公司是一點辦法都沒有，我不建議公司投向共產黨，但是台灣又那麼小，從南到北只有三百多公里，我們六十多架飛機在那裡連一個放的地方都沒有，而且在那裡如果不往其他地方飛的話，實在沒有客源來養活一家航空公司。這也是我剛才找你的原因，昨天我在台灣飛了一圈，目前那裡連一個可以供我們停飛機的地方都沒有。」

聽了陳文寬的話，陳卓林再度陷入長思。陳文寬坐在旁邊也沒說什麼。

「那你個人有什麼打算？」陳卓林終於打破寂靜，問了陳文寬一句。

「我個人就簡單多了，我工作了這些年，是有些存款可以讓我一家暫時不用擔心。」

「唉，好吧，我再去想想辦法，不過，剛才我們所談的事可不要和任何人去說。」

「卓林，就像你剛才所說的，我們認識不是一兩天了，這點你該信得過我。」

陳卓林走了之後，陳文寬也開始沈思，他覺得其實陳卓林已經下了決心，因此投向共產黨是早晚的事，那麼他該開始為自己打算了。不過，他覺得陳卓林可以決定要投共，但是公司的飛機及財產不是他個人的，政府才是中央航空公司的大老闆，陳文寬雖然答應不會將陳卓林的計畫向外透露，但是他該先做好防範措施，在陳卓林決定投共的時候，替政府將公司的財產留下。但是，即使留給政府，這個政府還會存在多久呢？

陳文寬於當年八月底發了一封電報，給央航的駐美代表王唐諾，交辦一些事務。王唐諾是當年陳文寬在中國航空公司的老同事，後來隨著他一同跳槽到了中央航空公司，只是換到央航之後，王唐諾就沒再繼續飛行，而是擔任央航駐美代表的職位。在那封電報裡，陳文寬並沒有提及陳卓林向他所提之事，只是交待了一些在緊急情況下必須要去做的幾件事，在電報最後陳文寬並告訴他，一旦收到一封電報提及「李先生將在明天搭西北航空134次班機抵達舊金山，請安排接機」的話，則表示緊急情況已經來臨！

另外，陳文寬也私下找了菲律賓航空公司駐香港的經理，問他如果在緊急情況下，央航的飛機在沒有許可的狀況下，逕自飛往馬尼拉機場，菲律賓當局會不會有問題。那位經理也相當了解中國目前的狀況，表示如果情勢緊急時，陳文寬可以隨時去找他，即使在飛機出發之後他都可以代為申請許可。

第八章　兩航事件——唯利是圖是商人

九月中旬，中央航空公司的行政及航務部門遷往香港，所有飛機亦飛往香港。位於廣州白雲機場的維修部門形同廢棄，因為在共產黨大軍壓境下，公司將當地的維修部門解散，僅有少數人員隨著公司前往香港。

一九四九年十月一日，共產黨在北平市宣布「中華人民共和國」成立。中央日報聲稱那是「偽政權」，但是「真」或「偽」又是從哪一個角度來看呢？陳文寬將這些事看在眼裡，他想起了古人所說的「成者王，敗者寇」，在當時的情況看來，共產黨是佔了上風，然而歷史是後人來寫的，在百年之後這筆帳是如何定奪，實在是很難說的。

十月中旬左右，陳卓林打電話請陳文寬到會議室去開會，陳文寬知道這又將是討論上次沒有定論的話題，因此心中先盤算了一下才前往會議室。

這次陳卓林似乎已經下定了決心，所以他說話的口吻也相當肯定。

「文寬，上次我們所談的事，我已經做了決定。」

「噢，是嗎？」

「我已決定將公司投向共產黨，中華人民共和國已成立了，那將是我們日後的希望。」

「我想你是會做這個決定的，不過你找我來只是告知我這個嗎？或是還有別的事？」

「我是想勸你跟我一塊走，跟國民黨到台灣絕對是死路一條，文寬，聽我的不會錯。」

「卓林，我相信你一定有很好的理由要這樣做，但這件事上，我想我也有我的堅持。」

「你忍心看著我們這幾年來所努力的成果就這樣地讓它荒廢嗎？」

「當然不願意，但是時不我予，國家變成這個樣子，我們小人物還有什麼辦法？不過，你覺得你過去之後，就可以重拾過去的成果？」

「對方與我談過，我們可以延續過去所有的航權，中國航空公司也預備過去了，所以今天我再來找你，就是希望你能跟著一道走，中國的天空是廣大的，新中國成立之後，更需要我們去耕耘。」陳卓林說得相當的興奮。

「卓林，你最近難道沒有看報嗎？國共兩黨在馬歇爾的調停下談了多少次？有了多少協議？但是現在的情況是什麼？你真的還想著一切如舊？」

「但是中國需要航空公司，新中國成立之後，這個需要就更迫切。」

「一點都沒錯，但是會讓你來經營嗎？共產黨講的是共產，你懂嗎？共產！而我們航空公司所有路線在他們看來是資本主義，資本主義和共產主義是完全背道而馳的，你想共產黨會讓你繼續像以前一樣去經營你的航空公司？」

「這是他們親口答應我的啊！」

「他們也曾答應過要遵守停戰協議哪！」

陳卓林聽到這時，一時不知如何回應，但是突然間他想到了另外一件事。

「噢，他們也讓我跟你講，如果你回去的話，他們可以歸還你在上海的房子。」

「這是什麼話？那個房子本來就是我的啊，將本來就是我的東西還給我竟然還成了一種恩惠？」

陳文寬的一句話就將陳卓林的口給封住了，他一時詞窮，不知道該說些什麼好了。

「那麼，你跟著國民黨去台灣，你覺得是個比較好的決定？」陳卓林企圖由另一個角度來說服陳文寬。

「你的眼光難道真是窄的看不到國民黨及共產黨之外的選擇？為什麼我不去那邊就一定要去台灣？」

「那你到底是什麼打算？我問了你多少次，你為什麼不告訴我？我一直是把你當自己人。」

「卓林，在這個世局瞬息萬變的時候，最怕就是在慌亂中做出決定，你為什麼不能等一下，等塵埃落定之後，再做你的決定？」

「現在的情況容不得我再等下去，機會是不會等人的。」

陳文寬也知道機會是不會等人的事實，但是在這件事上，他並不覺得那是個機會。

「好吧，卓林，我想我們是人各有志，我現在只能預祝你一切順利了。不過，在分手之前，我想向你告假，公司的事就請您偏勞了。」陳文寬站了起來，向陳卓林伸出了手。

陳卓林聽了並沒說什麼，只是點了點頭，然後兩人握了握手，互相看了一眼之後，陳卓林嘆了口氣，離開了會議室。

陳文寬看著他離開會議室的身影，也嘆了口氣，在當時的情況下誰也不能保證哪條路是一定正確的，只能憑著自己的經驗與信念，去走一條自己相信的路。

陳文寬同時也在想著要不要將這件事向政府方面報告，但是他覺得政府方面大概多少知道這方面的訊息，他去台灣替公司找地方時，政府其實就應該警覺到這個問題，而且他覺得在這個時候，政府該主動的與幾家航空公司聯絡，替他們解決這即將面臨的大難題。如果政府沒有出面，那表示政府大概對這件事沒有興趣，這種情況下，他就沒必要出面去報告這件其實他並沒有任何實質證據的事。

就在陳文寬走出會議室的當兒，有兩位飛行員在門口擋住了他的路，那是當初最先與他一同離開中國航空公司，前往中央航空公司的兩位飛行員。那兩位直截了當的問陳文寬

是不是不準備與陳卓林一起行動。

陳文寬不想將剛才對陳卓林所說的事重複一遍，所以只是輕描淡寫的說他已經向陳卓林請了長假，目前他已不過問公司的業務。

「副總，我們可是追隨著你才到中央航空公司的呀，現在在這個關鍵時刻，你怎麼能將我們放下不管呢？」其中一位李姓飛行員說。

「現在這個情形，並不是簡單的工作問題，在工作上我可以給你建議，但是目前的問題是政治上的選擇，而這個選擇只有你自己能去做，因為除了你自己之外，沒有人能替你的選擇負責。」

「上一次是我們追隨你到央航，使我們的薪水大幅增加，這次我們希望你能跟著我們到新中國，我們認為這絕對要比跟著國民黨去台灣要好得太多。」另一位陳姓飛行員說。

「當初我建議你們跟著我到央航，因為我確知那邊的環境絕對要比中航要好，而且央航的環境是由我直接控制，所以我敢向你們建議，但是現在你們勸我到對面去，那裡的環境你們並不了解，況且，我並沒有說要去台灣，目前的選擇並不是只有國民黨或是共產黨，我還沒有決定我的下一步到底要怎麼走，這種情況下，我想還是各自走自己的路吧。」

那天在離開公司之際，陳文寬不禁想著，那些都是受過高等教育的人，怎麼在這件事上卻是如此的短視？

當天他回到位於啟德機場附近，太子道上的家之後，他發現他家對面的人行道上有兩個人在那裡閒逛著。當時他只是覺得奇怪怎麼會有人在那裡毫無目的的來回走著，但是幾個鐘頭之後，那兩個人還在那裡時，他就知道大概是那些想走的人，派來對他進行監視的。他們說不定是怕陳文寬將他們的事宣揚出去，所以派人在那裡隨時注意他的行蹤，但是如此明目張膽的監視，難道他們連間諜電影都沒看過？再說他們不知道他家裡是有裝電話的嗎？

兩天之後，天剛亮的時候，陳文寬就聽見啟德機場方面有大批飛機活動的聲音，因為他當時就住在機場附近，所以他由窗戶往外望，只見一架架飛機陸續的由機場起飛，他當時數了一下，一共有十二架飛機，只有兩架是央航的飛機，這其中還包括了一架剛由美國買回來的康維爾新機，其餘的十架都是中航的飛機。

中航及央航飛機投共的消息爆發之後，陳文寬家裡的電話就沒停過，打電話來的人們先是想知道陳文寬是否也在投共的行列，在知道他並沒有投共之後，就立刻想與他談話，但是那些電話都被陳太太給擋住了。

陳文寬本身就一直待在家中的書房裡，考慮著此後的何去何從。在當時他還真是一點

主意都沒有，似乎每一條他所能想的路都會將他帶到死胡同裡。後來他又想自從一九三三年他回國到現在，十六年間他都是一直在努力的工作，極少有機會真正的休息，而現在既然發生這樣的大事，迫使他離開工作崗位，說不定這正是老天爺特別給他的機會，讓他去輕鬆一下，而他在那十幾年間所存下來的錢，足夠讓他休息很長一段日子，所以想到這裡，他索性就將一切煩惱拋到腦後，決定先休息一陣子再說。

當天晚上他接到台灣周至柔將軍的電話，要他第二天到台北去向政府報告這件事。他本想拒絕，但是繼而一想，央航既然是國家的航空公司，那麼即使他已口頭上向陳卓林請假，但是他還是該向政府報告這件事的經過。

第二天早上，陳文寬搭上民航空運隊的飛機前往台北，在登機的時候他發現民航空運隊的老闆陳納德竟然也在飛機上。他在這麼敏感的時候搭機前往台北，陳文寬很直覺的認為一定是與兩航投共的事情有關。兩人在飛機上只是禮貌性地打了個招呼，並沒有做任何交談。

飛機抵達台北後，周至柔將軍已經派人在機場等他，並立刻用車將他送到仁愛路的空軍總司令部，等他進入總司令辦公室之後，他發現衣復恩也在總司令的辦公室裡。

見了面之後，周將軍相當氣憤的質問他為什麼這麼重要的事沒有事先向他報告。陳文寬心平氣和的向他解釋，他沒有向政府反應這件事的主要原因，是他認為政府事先該知道這件事，而且對這件事的發生該不會感到意外。

周將軍聽了之後，相當詫異的問他為什麼會如此表示。於是陳文寬將當初到台灣來找適合做為基地地點的事向他報告，在找不到適合地方之後，他也曾向政府反應，但是政府卻置之不理，中央航空公司那麼多的飛機及員工在找不到適合的定點基地，同時航線一條一條的消失，所有的員工都在為當前局勢擔心時，政府卻未對這種情形加以關注，在那種情況下，投往中共去尋求一條生路該是個很合邏輯的選擇。

他繼而表示，雖然他在事前並沒有向政府報告這件事，但是他卻已做好準備如何來處理這件事。周將軍聽了之後，立刻請他將他的想法說出來。

他向周將軍說，當時中央航空公司在美國有超過五十萬美金的存款，他已向央航駐美代表下過指示，在接到一個代碼的電報之後，立刻將那些錢由原來的銀行中取出，僅留下十元在帳戶內，所提出來的錢再同樣以中央航空公司的名義存到另一家銀行，這樣投共的總經理陳卓林就無法動用那筆存款，而政府卻可以將那筆錢取出運用，因為中央航空公司的老闆就是政府！

說完之後，陳文寬就將當時打給央航駐美代表的電報副本交給了周將軍。

「那封代碼電報你發出去了嗎？」周將軍在看過那個電報副本之後，立刻問陳文寬，並將那個副本交給了坐在他旁邊的衣復恩。

「我怎麼能發那個電報？如果我發出那個電報，以後人們會認為是我要拿那筆錢。」

「那麼這個電報該由誰來發？」衣復恩看完電報後，看著陳文寬並問道。

「當然該由政府發這封電報，這樣政府檔案裡也會有這個紀錄。」

周將軍聽了之後，點了點頭表示他同意陳文寬的觀點。

「那麼那些其他停在啟德機場的飛機該怎麼將它們飛出來？」衣復恩繼續問道。

「這就是那筆五十萬美金可以派上用場的地方。」陳文寬說。

「這句話怎麼說？」周將軍問。

「因為香港是英國屬地，政府無法派空軍的飛行員前去將那些飛機飛出來，如果政府向目前困在香港的央航飛行員喊話，宣布任何人飛一架飛機到台灣，或是政府指定的任何地點，政府將發獎金若干元，我想在重賞之下必有勇夫，幾天之內必可將那些飛機全數飛離香港，交還到政府手中。不要忘記一架康維爾新機的市價是三十五萬美金，目前還有五架停在香港。」陳文寬將他原來的計畫說出。

周將軍及衣復恩兩人聽了之後，瞪大了眼睛直看著陳文寬，似乎不敢相信他竟設計出這樣一個完美的計畫。

衣復恩站了起來，走到周將軍旁邊，彎身在周將軍耳邊說了幾句話。

周將軍聽了之後，轉頭看著衣復恩，並說：「也對，也對。」

那時，周將軍臉上先前的怒氣已經一掃而空，他看著陳文寬並相當和藹對著他說：「文寬，謝謝你所設計的計畫，相當完善，我會向上級報告之後，立刻實施。」

陳文寬見到他的使命已經完成後，當天下午就搭機回到了香港。

但是他等了幾天之後，政府並沒有實施他的計畫。他打聽之後發現，政府已將那兩家公司轉賣給了陳納德！希望陳納德可以運用他的關係將那些停在香港的飛機要回來。

陳文寬後來才知道，當天陳納德與他同班飛機抵達台北之後，在陳文寬前去空軍總司令部見周至柔將軍談這件事時，陳納德卻是為了此事前往陽明山去找蔣總統，陳文寬不知道陳納德向蔣總統提出了什麼樣的建議，不過政府卻在衡量那兩個建議後，採取了陳納德的建議，而將兩家公司在極短的時間內過戶給了陳納德。

當時因為汎美航空公司還佔有中國航空公司45%的股份，而且公司規章上明寫著：「公司易主之前，必須得到汎美航空公司的同意」。當時在匆忙中過戶給陳納德時，這道手續就給疏忽了。等到汎美航空公司發現此事時，過戶手續已在台北完成，陳納德已成為新的老闆。汎美本來想控告買賣無效，但是在衡量當時的情況後，覺得與其控訴買賣無效，不如控告國民政府違約（國民政府佔55%的股份），這樣反而可以拿到較高的賠償金，否則即使買賣無效勝訴，那個公司在那時也無法找到一個買主。

為了防止共產黨取得那兩家航空公司滯留在香港的八十幾架飛機，陳納德以新東主的名義在香港提出訴訟，要求扣押那些飛機。

陳文寬陸續在報章上讀到那些新聞時，覺得取回那些飛機的黃金時機已過，他覺得如果當初政府真能在一、兩天內就宣布獎金，鼓勵飛行員們駕機離開香港，那麼政府多少可以拿回一些飛機。

但是一旦進入訴訟，在那麼漫長的司法程序過程中，那些飛機將因為缺乏保養，及長期日曬雨淋的關係而發生許多狀況，日後將會花上一大筆經費才能將那些飛機恢復飛行狀態。

不過，那已經不再是陳文寬的煩惱了。

第九章　韜光養晦——玩具火車中求靜

中央航空公司投共之後，陳文寬突然無事一身輕。一開始時他還不太習慣那樣的生活，每天還是黎明即起，雖然不用灑掃庭除，但是他還是到庭園裡去做運動，及像往常一樣打開收音機聽天氣預報。

那段時間他還真是相當的輕鬆，每天十點多鐘左右，他和他的太太就前往茶樓去吃點心，並與朋友聊天，下午他太太與朋友去打牌之際，他就找一群同樣因為兩航事件而待命在家的飛行員們大擺龍門陣。偶爾他也會注意一下股票行情，因為他主要的錢都是放在藍籌股票，所以那時候光是股息的錢就夠他的家用了。

然而日子雖然愜意，他對時局的發展並不無些許遺憾！

也是因為空閒時間多的原因，他也開始了一項自小他就嚮往的嗜好，那就是模型火車。在他還在念小學的時候，他就非常羨慕一些家裡有模型火車的同學，但是在那個時候模型火車是個相當昂貴的玩具，所以他只能去同學家裡觀賞而已。後來等他長大開始賺錢之後，卻又沒有時間可以玩，所以模型火車在他的心裡一直是個可望而不可及的玩具。

這次因為兩航事件的關係，而讓他賦閒在家，正好讓他有機會去實踐他童年的夢想。

他將家裡飯廳的大桌上，放上一塊八呎長四呎寬的三夾板，然後就在那塊三夾板上開始架設鐵路，一開始時只是一圈鐵路及幾輛火車，後來他又加上了車站、山洞、橋樑及鄉鎮，這麼一來一塊三夾板就不夠了，於是他又在旁邊再加上一塊同樣尺寸的三夾板，繼續擴充他的鐵路版圖。

這樣玩了幾個星期之後，他覺得又有擴充的必要，這次他索性將整個飯廳都變成他的鐵路世界，他請木匠將整個餐廳及附近的走廊用七塊三夾板合併在一起架好，然後他先將他的構想畫在紙上，然後再根據紙上的設計圖去買所需要的材料，有些材料他還必須從美國郵購。

等到所有的材料到手之後，他就開始著手裝配那一個會讓每個小孩都嘆為觀止的模型火車遊樂間。

在他的設計之下，那個遊樂間裡的火車包括了四條穿越縱橫的火車鐵軌，有假山、橋樑、山洞，還有會自動放下及收起的鐵路平交道欄杆，蒸汽火車頭的煙囪也會冒出一陣一陣的黑煙。還有特別為四條軌道互相接軌的設施，這些裝備全由一個控制器來操控。陳文寬有時會一連幾個小時的操縱著那些火車，讓自己完全沉迷在兒時的夢想裡。

他也找了一本有關共產黨理論的書籍來閱讀，想了解為什麼會有人那麼相信在他看來是一個相當可笑的理論，但是他始終無法定下心來看完那本書，因為在閱讀的過程中他不斷的想與那本書的作者去爭辯。最後，他還是相當失望的放棄了繼續閱讀的念頭。

第十章　成立復興——越洋選購水上機

一九五〇年九月中旬，陳文寬正在香港的一間茶樓飲茶時，突然看見一位失聯多年的朋友，軍統局「藍衣社」的李先生，那位李先生是十多年之前當他還在中國航空公司擔任副駕駛時就認識的朋友，當時兩人因為年紀相仿，興趣相投，所以在很短的時間內兩人就成了相當要好的朋友，而日後陳文寬的婚姻，也是經由這位李先生的介紹而促成的。

那時香港到處都是逃難出來的人，由那位李先生的穿著與神情看來，陳文寬覺得他也應該是落難到香港的人士之一，所以兩人寒暄後不久，話題就轉到當時的時局及兩人對現況的看法。

李先生問起陳文寬今後有何打算？陳文寬表示他還是會想法子回到航空界去繼續他的飛行事業，只是他不想在共產體制下工作，而台灣的地域又太小，短期內對航空的需求量不大，這種情況下他不覺得他能有機會在台灣發展他的事業，說不定他會回美國到汎美航空公司去試試他的機會。

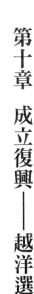

「想不想自己成立一家航空公司？」那位李先生問他。

「你在開玩笑吧，台灣那麼一小塊地方，陳納德的民航空運公司能否在那裡生存都有問題，你還想把我也推下去？」陳文寬笑著說。

「我可是認真的……」李先生看了看周圍，同時壓低了他的聲音。

陳文寬早就知道李先生的背景，只是他沒想到那天在茶樓的重逢，並非偶然，李先生原來是背負著任務，前來找陳文寬的。

原來，大陸解放之後，軍統局有著太多的成員未能及時撤出，為了對那些人員的補給及後繼人員的換防，軍統局想到了陳文寬，這位曾在抗戰期間飛遍大江南北的飛行員，後來在戰後復員期間又曾將一個僅有幾架飛機的中央航空公司，在一年期間發展成為超過一百架飛機的傑出經營者。於是他們找到了和陳文寬熟識的李先生前去探探陳文寬的口風，看看能否讓陳文寬成立一家航空公司，來承包夜間進入大陸的秘密任務。

根據軍統局的構想，那些飛機因為不能降落在一般的機場，因此必須以水上飛機藉著夜色的掩護落在河流或是湖泊當中，而陳文寬當年駕著水上飛機在長江流域飛行時，累積了對那個地區豐富的飛行經驗，這更是讓軍統局想找他合作的主因。再說，大陸沿海的許多島嶼都還是在國民政府的控制之下，但是那些島嶼並沒有飛機場，所以政府也急需可以派用的水上飛機。

基於這些需要，李先生建議陳文寬去買幾架水上飛機，並成立一家航空公司，這樣對

於陳文寬及政府而言，是個雙贏的機會。

那天，和李先生分手之後，陳文寬仔細的將軍統局的提議考慮了一遍，他覺得那是一個可行的路子。於是幾天之後，他去找了當初在中央航空公司的同事蔡克非先生，一同更深入的討論這件事，同時因為這是一件將和政府有深切關係的計畫，所以他又找了曾擔任過民航局局長，和政府關係不錯的戴安國先生來參與這個案子。

經過幾個月的評估與商量之後，他們三人決定成立一家航空公司，一來是想為國家做一些事，再來也是想藉著這家航空公司，替一些因為兩航事件而失業的伙伴們找條生路，而既然這家航空公司是為了做軍統局的生意，他們也一致同意了戴安國對公司名稱的提議，於是在一九五〇年的年底，「復興航空公司」就在香港陳文寬的寓所中由陳文寬、戴安國與蔡克非三人的口頭協議中成形。

決定成立公司之後，他們三人湊出美金十五萬元做為公司的資本，有了這筆資金之後，第一件要務就是去找飛機，因為根據軍統局的需求是要水上飛機，而當時這類飛機大多為軍用飛機，所以陳文寬那時是先往軍用剩餘物資市場去找合適的飛機。在陳文寬去找飛機的同時，戴安國也前往台灣，去向民航局申請公司執照。

一九五一年年初，一位在汎美航空公司擔任飛行員的老朋友飛到香港，和陳文寬小聚時，提到法國航空公司因為加勒比海群島上的飛機場已經完工，因此想將原來在那附近飛行的兩架 PBY-5A 型的水上飛機出售，陳文寬一聽之後，真是喜出望外，因為那型水上飛機正是陳文寬在找的機型，而如果是法國航空公司所使用過的飛機，那麼一定是已經改裝成航空公司的客機規模，這樣買來之後不需再加整裝，就可立刻通過民航局的檢驗而獲得適航證書，開始營運。

陳文寬和法國航空公司聯絡過之後，知道那兩架飛機當時停在紐約的艾都懷爾機場（Idlewild Airport，現今的甘乃迪機場），連同一些備份零件，每架要價三萬五千元美金。得到這些基本資料之後，陳文寬在一九五一年二月初隻身飛往紐約，前去檢視那兩架飛機。

本身曾擔任過飛機技工的陳文寬在檢查過那兩架飛機之後，認為機件狀況相當不錯，於是在法航的飛行員陪同下，他駕著其中一架飛機由紐約飛往紐約南邊兩百哩的巴爾的摩（Baltimore）測試飛機的性能。

陳文寬本身並沒有那型飛機的飛行經驗，但是他卻有超過十種飛機及近一萬小時的飛行經驗，所以在法航飛行員的協助下，他很快的就熟悉了那型飛機的操作，在巴爾的摩機場落地之後，陳文寬本來想在巴爾的摩的港灣中再測試一下該型飛機的水上起降性能，但

是那位法航飛行員因為對該港灣並不熟悉，所以就婉拒了他的要求，即使這樣，陳文寬對那架飛機的性能已是相當滿意，於是在對另一架飛機做過同樣的試飛之後，他就決定將那兩架飛機買下。

法航當初對那兩架飛機的要價是每架三萬五千美金，陳文寬以他過去六年間曾買過上百架飛機的經驗，開始和法航商談那兩架飛機的售價，結果經過一個星期議價的結果，法航答應以五萬美金的總價將那兩架飛機及備份零件以「AS IS」（註二）的狀況賣給復興航空公司。

陳文寬將買妥飛機的消息以電報通知戴安國之後，很快的他就接到了戴安國的回電，回電中戴安國除了將那兩架飛機的民航編號 1401 及 1402 通知他之外，並問他預備如何將那兩架飛機飛回台灣。

其實陳文寬在買飛機的同時，就已開始進行招募飛行組員的事宜，他先找到了當時住在紐約的原中央航空公司同事李志雄，及住在加拿大的原中國航空公司同事馬邦基，詢問他們有沒有興趣再回到亞洲去飛行。他們兩人那時都因為兩航事件的關係而失業在家，所以在聽說可以再度回到亞洲從事飛行本行之後，都立刻答應了，李志雄還說他可以當天就啟程。

陳文寬又發電報給戴安國，請他通知住在香港的陳國明及羅昭明，要他們即刻起程前往紐約協助，將那兩架飛機飛回台灣。羅昭明是陳文寬在中國航空公司時認識的第一位通訊員，兩人有相當好的合作默契，因此在即將駕著新買的飛機橫渡大洋之前，陳文寬第一個想到的通訊員就是羅昭明。

他們一行五人在紐約集合後，陳文寬決定由他本人駕駛第一架飛機，同機的副駕駛是陳國明，第二架飛機則是由李志雄擔任正駕駛，馬邦基擔任副駕駛，而羅昭明則是安排在第一架飛機上擔任通訊工作。

當時的計畫是先由紐約飛洛杉磯，PBY 那型飛機的速度不快，時速只有一百多哩，而且當時美國北部天候不好，為了怕飛行時機翼結冰，陳文寬決定由紐約起飛之後先往南飛，等避過寒冷的氣候之後，再轉向西，飛往洛杉磯。

在飛機離開紐約之前，陳文寬委託汎美航空公司的機務部門，將飛機上原有的法航標誌去掉，並將「復興航空公司」六個大字噴到飛機上，至於公司的商標，陳文寬覺得既然是代表中國的航空公司，那麼就該找一個可以代表中國的圖案，於是他把他從一家中國餐廳牆上取下的日曆交給噴漆部門，請他們用那日曆上的熊貓圖案做為公司的商標，噴在飛機上面。

漆上復興航空公司標誌的 PBY

PBY 尾舵上的國旗

這一路兩千三百多哩的航程，本來預備是二十一個小時左右可以抵達，但是在半路上遇到了強烈的頂頭風，飛機不但在風中顛簸的厲害，地速有時低到僅有七十餘哩。晚上十點鐘的時候，陳文寬眼看再這樣繼續飛下去，汽油可能都要不夠了，他查看地圖發現德州的 El Paso 機場就在飛機左邊四十幾哩的地方，於是他臨時決定到那裡降落過夜，第二天再繼續飛到洛杉磯。

他們落地之後，大家緊張的心情一旦放鬆，才覺得飢腸轆轆，原來大家一整天除了一頓豐富的早餐之外，僅是啃了份三明治充飢，於是趕緊租了部車子離開機場，準備去找一家餐館大快朵頤一番。

在離開機場不遠的路旁，他們就發現了一家中國餐廳，雖然大家知道在那種地方中國餐廳的菜，絕對都是唬外國人的，好不到哪裡去，但是在餓了一天之後，他們已經沒有什麼好選擇的了，所以就立刻在餐館前面停車。

沒想到餐館十點鐘打烊，裡面的員工正在清理廚房預備下班了，陳文寬用他的台山話拜託裡面的員工，希望能替他們做一點東西來吃。他的台山話起了點作用，在廚房裡的老闆聽到了鄉音，走出來看看是什麼人在這麼晚還來餐館點餐，他一走出廚房，見到陳文寬時，失聲的叫了出來，陳文寬聽到那聲音，一回頭見到老闆，也嚇了一跳，他不敢相信世

界上有那麼巧的事，原來那個老闆以前是中國航空公司的地勤員工，在一九三七年日本佔領上海之後，他就到了美國，兩人已經有十多年沒見了！

兩人雖然不算故知，但是在這中國人稀少的美墨邊境小城重逢，是會讓人感到非常興奮。老闆立刻重起爐灶，替他們五人做了一桌酒席般的菜，然後又拿出中國帶出來的老酒，大家坐下來大杯酒、大塊肉，痛快的談著這十多年來兩人生活中的點滴，及一些互相都認識的朋友的近況。等到所有人都覺得有些倦意時，東方已經開始泛白！大家這才互道珍重，期望下次能有機會再度重逢。

陳文寬等人在旅館中一直睡到那天下午，才完全由殘酒的濃睡中醒來。大家匆匆的趕回機場，查過天氣預報，知道由那裡到洛杉磯的天氣是一片晴朗，於是立刻登機起飛，直奔洛杉磯而去。

到了洛杉磯之後，他找到在飛虎航空公司認識的熟人，然後委託飛虎航空公司的機務部門，將飛機仔細檢查一遍。因為由洛杉磯回台灣的航途上，將有很長一段的跨海飛行，飛機必須在沒有任何瑕疵的狀況下，才可以出發。

趁著飛機進廠整裝之際，陳文寬又帶著那四個人到一家制服店去替每人買了一套制服，因為他知道在返抵國門的那一天，機場裡將會有新聞記者採訪，他要讓大家對這家新

由洛杉磯前往奧克蘭前，當地新聞記者前往拍照

航空公司有一個良好印象。

飛機整裝完畢之後，這兩架飛機向北飛到舊金山旁邊的奧克蘭（Oakland），飛機將由那裡起飛，開始橫渡太平洋的歸國之路。

他們的計畫是由奧克蘭先飛到夏威夷，再經由中途島、威克島、關島而回到台灣，這一路最具挑戰性的航程就是第一段由奧克蘭到夏威夷，因為這一段航程有兩千四百哩，以PBY的速度來說要飛二十個小時才能到，但是因為是由東向西飛行，受到頂頭風的影響，所以整個航程竟需要二十三個小時左右，為此陳文寬還特別在機身中加了一個長程油箱。

在起飛之前，陳文寬為了讓組員們能全

程保持清醒，他還特別在每一架飛機上裝了一個五加侖的咖啡壺！

陳文寬的第一架飛機在清晨一點左右由奧克蘭機場起飛，五分鐘之後李志雄的第二架飛機也隨著踏上征途。

李志雄在五十多年後談起那次飛行時，還忍不住的說那是他此生最困難的一次飛行，因為除了航程遠之外，沉悶的飛機發動機噪音及機身規律性的抖動，就像催眠曲似的讓他們昏昏欲睡，而在海天一色毫無對比景色的太平洋上空，他根本不覺得飛機在移動。他們就這樣的由日出飛到日落，再飛到滿天星斗。

陳文寬在那段航程中除了要擔任飛行的工作外，他還要擔任領航的工作，但是因為是東往西的直線飛行，所以根據星象去算飛機的位置，並不太困難，他想起了幾年前當他帶著一名專任領航員由巴西直飛大西洋中的亞松森島時，那位領航員因為看錯了曆書上的日子，幾乎釀成大禍的往事，也是由於那件事，促使了陳文寬開始研究領航的技術，如今他自己已經能輕鬆的將飛機由美洲大陸帶到太平洋中的那個小島。

想到那件事時，他不禁聯想到因為中國航空公司歧視中國籍員工的緣故，使他第一次向公司請辭，而公司對他的慰留，才導致了那次他前往美國接機的往事。而為什麼外國人會歧視中國人呢？前幾年因為積石山探險考察一事，使他覺得那是因為中國人無由的對外國人的崇拜，導致了外國人對中國人的鄙視。然而在紐約碰到李志雄時，李志雄告訴了他另一件事，使他了解到對白種洋人的崇拜，並不僅限於中國人。

李志雄在中央航空公司停飛之後，還是想留在亞洲繼續飛行，當時正好日本航空公司正在招考飛行員，許多中央航空公司及中國航空公司的外籍飛行員都順利的在那裡找到了工作，於是李志雄也將履歷表寄到日本航空公司，而很快的日航也請他前往東京去面試，但是當他與面試者見面時，面試者露出了難以置信的眼神，一直重複的說著：「我以為你是美國人。」因為那人看到他的履歷表，見他是美國陸軍航空隊畢業，而且名字又是John Lee，因此直覺的認定他是美國人，李志雄聽了那人的話之後，當場表示他的確是生在美國的美國人，然而那位面試者卻說：「不是，不是，我的意思是真正的美國人。」李志雄那時才知道原來面試者所期待的是金髮碧眼的白種美國人，而他這位在美國長大的中國第二代，在日本人眼中就不是「真正的美國人」。

而那位面試者在知道他並不是白種美國人時，就直接的將面試停止，根本沒有去問他任何有關飛行的技術問題，看來日本人也是崇拜白種人，相對的對黃皮膚的美籍人士就沒有那麼的尊重，在這種情況下，白種人在黃種人的社會中自然會覺得自己高人一等，因為那是黃種人站在白種人前面，無由的就讓自己矮了一截的關係！

經過了似乎永無止境的海上飛行之後，那兩架水上飛機最後終於在午夜時分降落在夏威夷的檀香山國際機場。

為了趕時間，陳文寬決定只在當地休息一夜之後，立刻啟程飛往下一站，而由夏威夷到中途島，再到威克島的航程都是只有一千多哩，十幾個小時就可到達，因此在離開奧克蘭五天之後他們就已經飛到了進入國門前的最後一站——關島。沒有想到在這最後一站他們卻遇上了麻煩，而且是大麻煩！

那天他們那兩架飛機在接近關島時，陳文寬呼叫關島國際機場，要求落地指示，關島國際機場塔台在知道那是兩架 PBY 之後，誤以為那是兩架軍用機，因此讓他們轉往關島的軍用機場。當陳文寬在軍用機場落地，

PBY 在返國途中

滑進停機坪之後，機身上的那幾個中國字卻讓幾個地勤人員看傻了眼！

一九五〇年代初期正是美國麥卡錫主義盛行的年代，整個美國籠罩在一片恐「共」的氣氛之中，尤其是中共在一九五〇年底公開介入韓戰之後，一般民眾對於「共產中國」更是有著一份敵意及恐懼，因此當復興航空公司的那兩架 PBY 落在美國海軍基地之後，的確惹起了一陣騷動。

因為 PBY 在當時還是美軍現役的機種，所以基地指揮官面對著那兩架即將飛往台灣的 PBY，心中不免有些顧慮。於是他要求陳文寬拿出國務院對那兩架飛機的出口許可證，這可是一個大麻煩，當初陳文寬向法航買下飛機的時候，那兩架飛機根本是法國的資產，因此根本沒有想到要取得美國國務院的出口許可。

陳文寬向那位指揮官表示飛機是向法國航空公司所購得，並出示當初向法航購買飛機的文件，但是那位指揮官卻根本置之不理，他下令將那兩架飛機暫時交由美國海軍保管，並將陳文寬一行五人安排住進基地的軍官宿舍，在得到國務院的指示之前，他們不許離開基地。

雖然當時他們的情況視同軟禁，但是他們在基地內的活動並沒有受太大的限制，尤其是李志雄曾在二次大戰期間在美軍服役過，因此在基地內有一些舊識，所以他們幾個人在關島的軍營裡過的不亦樂乎！

兩個星期之後，國務院的回電才姍姍而來，表示那兩架飛機最早是加拿大海軍的資產，一九四五年在戰後除役時，就將一切軍用裝備拆除，並在一九四六年賣給法國航空公司，所以那兩架飛機可以繼續航程，飛往台灣。陳文寬在得到這項消息之後，立刻聯絡李志雄等人，準備出發。然而沒想到在最後關頭又出狀況，因為根據美國軍方的規定，PBY 這型飛機最少需要五人組員才可出動，而陳文寬兩架飛機一共才五個人，所以機場的勤務部門又不肯放行！

陳文寬再度施展他的雄辯能力，他表示美國軍方的規定對於國外的航空公司並不適用，那兩架飛機是屬於復興航空公司，飛機的組員人數合乎中華民國民航法的規定，再說那兩架飛機由紐約一路平安無事的飛到關島，都是由那五人負責，最後這一段由關島到台灣一千多哩的航程，也不會有任何問題，而即使出了問題，也不會由美軍來負責，在這種情況之下，美軍實在沒有不放行的道理。

這樣又耽誤了一天，最後勤務部門將這棘手的問題又丟回給基地指揮官，基地指揮官也實在不願意再有任何枝節，於是立刻簽字放行。

民國四十年的五月五日，在經過大半個地球的長途跋涉之後，那兩架 PBY 終於返抵國門，當陳文寬那架飛機的主輪擦上松山機場的跑道時，不但將這長達一萬餘哩的航程劃下完美的句點，更在中華民國的民用航空史上開啟了嶄新的一頁，因為那兩架飛機代表了第一家完全由國人投資及經營的航空公司創下了萬眾矚目的壯舉！

那天在松山機場接受歡迎時，陳文寬注意到停機坪上也停了一架民航空運隊的PBY水上飛機，當時他就覺得民航空運隊在那時去買一架水上飛機，一定不是偶然，難道在那位軍統局的李先生去找陳文寬的同時，也有另一批人去和陳納德接頭？

註二：「AS IS」是英語中一種買賣模式的法律用字，也就是買方接受賣方提供物品的現狀（包含所有的瑕疵），是英美法中有關買賣契約與責任擔保的一種用字。

第十一章　慘澹經營——生意難做關業務

復興航空公司成立之後，他原先所盼望的國防部包機合約並沒有立刻到來。這期間他也遇到過當初在香港勸他成立航空公司的那位軍統局的李先生，那位李先生告訴他情況有些變化，因為陳納德的民航空運公司已經被美國的中央情報局收買，國家在接受美國軍援的時候，有些生意就不可避免的要給美國人的公司。不過，那位李先生也告訴陳文寬，目前就暫時忍耐一下，政府會在適當的時機，照顧這家新成立的航空公司。

既然登記的是航空公司，那麼就必須有屬於航空公司的航線，當時民航局所核准的復興航空公司航線是：台北經花蓮及台東至高雄、高雄至馬公及台北至金門。陳文寬當初向民航局多次申請台北直飛高雄，不要經過花蓮及台東，但是總是被拒絕，他已忘記民航局當時公開陳述的拒絕理由，不過，他卻記得民航局私下向他表示，拒絕的主要原因是民航空運隊有台北直飛台南的航線，民航空運隊為了怕復興由台北直飛高雄的航線會影響到他們直飛台南的客源，於是對政府施壓，將那條台北高雄直航航線的申請給回絕。

這種情況下，復興當時唯一載客量較多的是台北到花蓮的航線，其餘的航線經常只是稀稀疏疏的個位數客人。

復興航空公司向空軍租的 C-46

為了替公司找生意，陳文寬在公司成立的第一年的雙十節，竟還辦過空中遊覽的班機。那是由松山起飛，經北投、陽明山、淡水、新店及碧潭後返回松山落地，整個遊覽時間是半個鐘頭，每張票價是五十元新台幣，但是銷售的情況並不是很理想。

就在那時，泰國航空公司開闢了由香港經台北飛大阪的航線，他們在台北需要找一家代理商，來處理飛機進出的一般機場業務，如辦理旅客報到與登機手續，及行李裝卸等業務。這些事務是原先在中央航空公司處理業務的蔡克非所熟悉的，所以復興航空公司就與泰國航空公司開始商討合作事宜。

因為泰航急著找一家代理商，而復興也急著想找到一個可以立即進帳的生意，所以兩家公司很快的就談攏了條件，並在一九五一年起就開始了兩家公司此後五十餘年的合作關係。

民航局所給的航線都是在台灣本島，因此水上飛機除了裝載量小之外，也不很適合經常的在跑道上起落。為了這個緣故，陳文寬去找當時的空軍總司令王叔銘將軍，向他租了一架 C-46 及 C-47 來執行這個本島的定期航線。

第十二章　外島空運——水上飛機當橋樑

那段期間陳文寬每天在松山機場的辦公室裡，絞盡了腦汁希望能替公司找出一條生路。他的中文雖然不是很好，但是他卻很了解中國的一些哲理，他相信天無絕人之路，也相信要見好就收，而這個「收」並不是要收山，而是要收斂。

他記得他在剛進入中央航空公司的時候，公司裡的現金不夠去買一個電扇，但是他卻在一年之後替公司買下一百多架飛機，而公司在國共內戰中賺進不少資產之後，他認為內戰終將結束，而開始替公司尋找退路之際，董事長陳卓林卻在那成功的環境裡被沖昏了頭，他不甘心就此隨著政府到那彈丸之地的台灣，於是他就駕機前往北京，宣示效忠，希望能在大陸重操舊業，經營他的航空公司，但是卻不知共產黨是不容許有私人企業的，因為那種資本主義的精神是與共產主義相違背的。

如今倒是陳文寬在台灣重新開始經營自己的航空公司，雖然生意不好，但是他相信那絕對只是暫時的。

當時公司生意清淡的連薪水都無法發出，股東們不拿薪水，日子還可以過的下去，但是靠薪水養家的員工們就無法撐下去了。當初由美國幫他把飛機飛回來的李志雄及馬邦基

兩人，就因為拿不到薪水而在九月中旬相繼辭職，返回美國。看著他們的離去，陳文寬心中實在是感到相當的歉疚，但是在沒有生意上門的時候，他真是一點辦法都沒有，他只能希望他們能在回到美國之後，在航空公司找到一份好的工作。

那時他也注意到機場那架民航空運隊的 **PBY**，經常在下午日落之前離開台北，第二天早上陳文寬來上班的時候，那架飛機已經回到了停機坪。他不知道那架飛機晚上去了哪裡，不過根據他對陳納德的認識，他大概可以猜得到那架飛機去做了些什麼事。

公司成立幾個月之後，在一九五一年的十月中旬，國防部找上復興航空公司開始談包機前往外島的事宜。當時政府在金門、烏坵、馬祖、大陳及一江山都有駐軍，對那些駐軍的補給都是由海軍的運輸艦艇來執行，但是如果長官有要事需要立刻前往那些駐地，並且當天往返的話，就要倚靠飛機，而偏偏除了金門之外，其他的幾個島嶼都沒有機場可供飛機起落。在這種情況之下，復興航空公司的水上飛機就顯出了它的重要性！

復興航空公司與國防部很快的就達成了協議，協議中說明國防部必須在包機前往那些島嶼的前一天通知復興航空公司，這樣復興航空公司可以在次日早上八點前將飛機準備好，如果情況緊急，國防部無法在前一日通知的話，復興航空公司可以在接到通知後兩小時出發。收費則按飛行時間計算，每一小時以一萬元新台幣為基準，超過一小時則以半小時計算，超過半小時則以一小時計算，所有費用每月總結一次。

第一次包機任務是前往大陳，當時因為陳文寬知道這類的包機任務將會相當頻繁，所以他特別請當時公司的兩位新進飛行員，孫明遠及陳蔚文兩位隨機同行，除了觀察當地的地勢及尋找適合水上飛機降落的海面之外，同時也可以隨機歷練在不同海面降落的技巧。

那天當他們飛抵大陳時，陳文寬先是繞著島飛了幾圈，尋找一處適當讓水上飛機降落的地方，但是他發現大陳島附近的暗礁相當多，因此不適合飛機在海上降落之後，再滑到岸上，而必須讓岸上的人駕小艇到飛機旁邊來接人上岸。

在水上降落的 PBY

他選了一處海灣讓飛機降落，飛機停穩之後，機械員將錨由機首處投下，讓飛機固定在那裡。飛機上的一位國防部少將希望陳文寬能將飛機滑到離岸較近的地方，這樣就可以省去一大半坐小艇的時間。陳文寬聽了笑著向那位少將表示，如果在海上滑行時撞到暗礁，那麼他們將要搭船回台灣，那要比搭小艇的時間要多上許多倍。那位少將對這種美式的幽默不很習慣，他板著臉悻悻然的跨下飛機，登上小艇。

他們機上的五位組員，留在飛機上等待那些國防部官員們的時候，飛機在海水沖擊下晃的很厲害，陳蔚文有點暈船的跡象，於是他就躺在客艙的沙發上休息。陳文寬及孫明遠兩人坐在機翼下的機艙舷旁曬太陽休息，他們看見許多一尺多長的魚游在飛機旁邊，孫明遠隨手將午餐的麵包撕了一小塊下來，揉成麵包屑，再丟進海裡，他看著那些魚搶食的情形，就說下次再來時一定要帶著魚竿，那樣就不會浪費「等」的時間了。

下午四點，陳文寬在飛機上接到岸邊的無線電，岸上的指揮所表示那位少將要求飛機滑到岸邊去接他，因為他在搭小艇上岸時，並沒看到任何暗礁，如果小艇可以安全的到岸邊，他認為飛機應該也沒問題。

陳文寬聽了直想笑。他本來想說如果小艇可以，飛機就可以的話，那麼就請那位少將搭小艇飛回台灣吧，因為按照那位少將的邏輯既然飛機可以，那麼小艇也該可以！不過，

乘客搭小艇上岸

他還是忍住了，因為畢竟對方是位將軍，而且最重要的是：對方是「客人」。陳文寬用無線電向對方說明飛機的吃水比小艇要深，小艇過得去，飛機不見得過得去。他請指揮所轉告那位少將，請趕快坐船回來，免得太陽下山後，起飛會更困難。

二十分鐘之後陳文寬才見到那幾位客人由岸邊登上小艇，等到他們回到飛機旁邊時又是二十幾分鐘之後的事了。

他們五點才由大陳起飛，飛機起飛時太陽剛好要落下海平面。陳文寬將飛機爬到七千呎的高度，對準台灣方向回航。

沒想到僅僅飛了半個鐘頭之後，左發動機就開始放砲，並開始劇烈抖動，陳文寬檢查儀錶發現二號發動機轉速正迅速的下降，他覺得一定是有某一個或多個汽缸頭爆裂，那是個在飛行中無法修復的故障，所以他必須在情況繼續惡化之前，立刻做有效的處置。

他先將二號發動機油門收回到慢車位置，並將槳葉角調到不產生阻力的位置，希望能減少抖動的頻率，再將一號發動機的油門推上，來彌補二號發動機所消失的馬力。這一連串的步驟似乎見了效，飛機漸漸穩定下來，發動機的抖動也減輕到可以忍受的範圍，但是一號發動機所增加的馬力卻無法將二號發動機所消失的馬力完全補上，所以飛機的高度開始逐漸下降，陳文寬覺得飛機的下降率不大，因此安全飛回台灣是沒有問題的，不過他還是繼續觀察著一號發動機的狀態，做好順槳的準備，並將飛機故障的情況報回台北。

一切處置做完之後，陳文寬請陳蔚文回到客艙，將飛機故障情況向乘客報告，請所有乘客將安全帶繫緊，並表示一切都在飛行員控制之中，請不用過於擔心。陳蔚文回到駕駛艙後向陳文寬表示除了那位少將之外，後艙的所有乘客都已被先前的情況嚇的呆若木雞，他必須將繫好安全帶的指令重複許多次，才能使大家全都將安全帶繫妥。

飛機在能看見淡水河口的時候，高度還有三千呎，所以陳文寬非常篤定的將飛機以正常方式進場落地。飛機在停機坪停妥了之後，陳文寬起身回到客艙，為飛機故障的事向大家道歉，這時那位少將站了起來，握住陳文寬的手說：「你真是了不起，我由窗戶看到那個發動機抖動的情形，我以為它馬上就要由機翼上掉下去了，沒想到你卻能將這架飛機安全的飛回來，真是了不起！」

等大家都下了飛機之後，陳文寬跑到飛機右翼下面，維修技工已經開始檢查發動機故障的原因了，他們初步的檢查發現，真是如陳文寬所判斷的一樣，後排七個汽缸中有兩個汽缸頭爆裂，這個狀況導致運轉不平衡而發生抖動。

幸好陳文寬在購買飛機時，也將兩具備份發動機及一些零件一起買了下來，當天晚上技工就將那具故障發動機取下，換上一具備份發動機，這樣那架飛機在第二天上午就又可以出勤了。

國防部向復興航空公司包機前往外島的機會相當多，有時一星期內天天都有包機的機會，這樣下來每到月底結帳時，復興總會交上一張幾十萬的帳單給國防部，這個單價在當年可是個天價，因為當時愛國獎券的第一特獎才不過是二十萬元。看著每個月復興可以領走那麼多的錢，使主管包機業務的一位軍官有了非份之想，他趁著一次拿著包機的租賃單請陳文寬蓋章時，很婉轉的向陳文寬表示，他給了那麼多生意給復興，復興總該對他有些表示。

陳文寬聽了真是感到哭笑不得，那些錢看起來算多，但是復興航空公司其實並不賺錢，因為飛機的開銷太大，PBY 每小時的飛行成本大約是七千元新台幣左右，再加上公司的員工薪水及間接成本之後，由國防部所得的錢如果能讓收支平衡就算不錯的了。

對於那位軍官的要求，陳文寬決定不去理會，因為那人只是執行上級的命令來與復興航空公司簽約，他個人根本無法決定什麼時候要包機，或是一個星期要幾班包機，在整個飛機租賃的過程中他是無足輕重的。

但是那位軍官似乎看不清楚這個事實，他僅看到由他核准之後復興就可以每月拿到幾十萬新台幣，因此他認為他其實主掌著復興的命脈。在他向陳文寬要求過兩次都沒有得到正面的回應之後，他開始行動了，他覺得他該讓復興知道如果他不核准的話，復興是收不到錢的。

他故意將那個租賃單放在一旁，不去核准。復興在催了兩次都收不到錢之後，陳文寬知道是那位軍官在耍花樣，於是他直接打電話給當時的參謀總長周至柔將軍，將那件事情的始末向周將軍報告。

那通電話起了很大的作用，復興不但當天下午就收到了錢，那位軍官也同時被調離現職。他真是只看到其一，並未看到其二，他不核准那張租賃單復興是拿不到錢，但是只要是租賃單上完全符合規定，任何一位在那個職位上的人都可以核批，並不是非他不可。

國防部為了要保持外島軍人的士氣，除了軍中的康樂隊會定期前往那些島嶼慰勞當地的駐軍，也同時會將一些首輪的電影送到外島，讓官兵欣賞。那些電影多半是在前一天就會送到復興航空公司的棚廠，在這種情形下，陳文寬就會將他家裡的電影機搬到公司的棚廠，在棚廠裡放映那些首輪電影來招待員工。

那時除了國防部向復興包機前往外島之外，美國中央情報局的外圍單位，西方企業公司（Western Enterprise Inc.）也經常的包機前往大陳，他們包飛機時很少事先通知，通常是打電話通知復興要飛機前往大陳，一個多小時之後就要出發，而且他們不喜歡與國防部的人同機前往。有過一兩次，當復興接到西方企業公司的電話時，正好有國防部的包機要在同時間出發，復興好意的問他們要不要搭國防部的便機前往，卻都被婉拒了。因此曾有過在同一個時間，復興的兩架 PBY 都在大陳的情形。

第十三章　支援孤軍——水上飛機赴猛撒

一九五二年三月間，國防部情報處的一位上校參謀打電話給陳文寬，請他到國防部去開會，商量有關包機前往中南半島的事宜。

陳文寬在聽到這個消息時，是有些納悶，因為他並不了解政府在中南半島的任何佈署，所以他並不認為那是一筆大生意。

等到那天在國防部開會時，一位上校將雲南、泰國及緬甸的地圖掛在牆上，並解釋在一九四九年十月共產黨在北京成立新政權之後，原來在大陸西南地區與共產黨作戰的國軍部隊被迫自雲南、廣西與貴州南部撤退到緬甸與寮國北部。那些部隊除了被共軍在後追擊之外，緬甸與寮國的軍隊也持續的對他們進行圍剿，但是他們頑強的戰鬥力與置之死地而後生的精神，讓他們一直在那滇緬邊界的窮山惡水中掙扎著生存了下來。

政府為了表示對那群孤軍的支持，而美國也在那時正希望能有一支有效的隊伍，可以在大陸南邊牽制住共產黨在韓國戰場上的活動，於是決定開始以實質的行動來支援那批在滇緬邊界的軍隊。

支援一個部隊最直接的方法就是給予補給，當時那批軍隊最需要的就是武器及彈藥，於是政府決定將他們迫切需要的物資，用復興航空公司的飛機空運過去。

聽了那位上校對包機背景的說明之後，陳文寬所提出的第一個問題就是：在那裡有沒有可以降落的場地？那位上校表示為了接受空中運補支援，孤軍已在當地清出了一條約一公里的區域，可以供飛機起落。

知道有地方可以降落之後，陳文寬稍微寬心了些，然而他知道即使有地方降落，但絕不會有汽油在那裡可供回程使用，所以在去的時候就必須將回程的油一併帶著，這在飛機內加裝長程油箱之後就不是個問題，只是加裝了長程油箱就會導致載貨量的減少。

陳文寬將他的顧慮說出來之後，一位主管補給的上校表示，他們完全了解這一點，只是當時除了空中運補之外沒有任何其他可行的方法，因此國防部會根據陳文寬算出每次航程的載貨量來決定要運一些什麼東西過去。

那天在會議當場，陳文寬決定可以接下這個包機的生意，只是他表示他必須先飛一趟去實地勘查當地的跑道，以決定這樁生意是否可以長期的做下去。

根據國防部所提供的資料，孤軍所清除出來的落地區域是位於緬甸、寮國與泰國交界的附近，離緬甸的猛撒不遠，湄公河就在那機場的東邊，所以應該是不難找到。

第一次前往猛撒是在一九五二年的三月三十一日，陳文寬請陳國明擔任他的副駕駛，通訊員還是他的老搭檔羅昭明。那天他們的飛機上裝著五管七十五釐米的炮管，及幾十枚七十五釐米的砲彈，由台北起飛時機身的長途油箱並未加油，因為台北的跑道不夠長，如果加滿長程油箱的話，飛機將無法起飛，即使能僥倖飛離跑道，也無法避過機場前面的那座山。所以飛機必須先前往台南，在那裡將長程油箱加滿後再踏上征途。

　　由台南起飛的時間也很重要，因為由台灣飛往猛撒，最直接的航線就是經由海南島對面的雷州半島，雷州半島那時雖然已經在共產黨控制之下，但是陳文寬不覺得那時共產黨防空的能力能發現並追擊他那架水上飛機，於是他決定

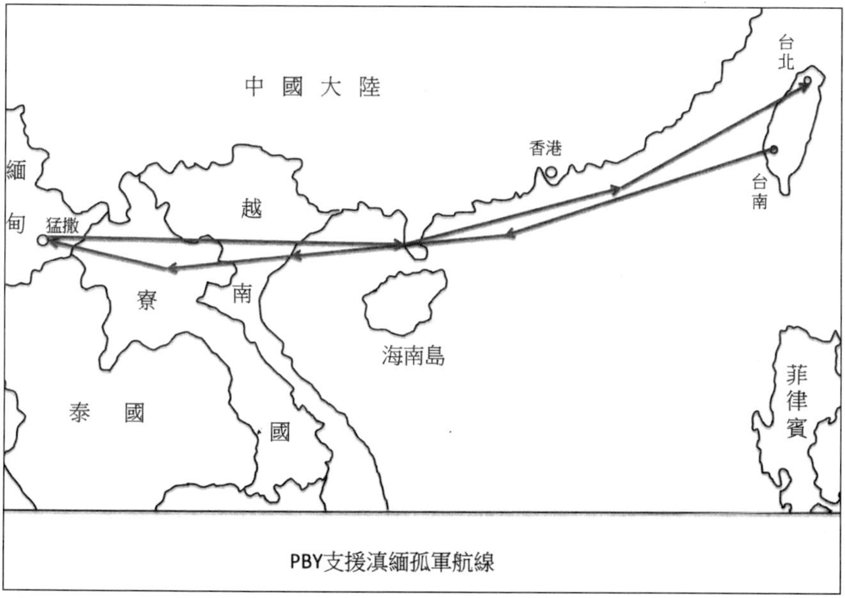

由台灣前往猛撒之航線

為了省油及省時起見，還是由雷州半島上直飛通過，只是為了安全起見，他決定要在日出前一小時藉著夜色的掩護通過那裡。

起飛那天清晨一點，陳文寬在台南機場三十六號跑道頭，將煞車踏緊，並將油門推滿，PBY的兩具R-1830往復式發動機發出了震耳欲聾的聲音，在戒嚴法的時期，軍用機場的飛機起落是不受時間限制的。陳文寬在座艙裡注意著歧管壓力錶，當壓力指到五十二吋時，他鬆開煞車，飛機開始緩慢的加速前進，發動機雖然奮力運轉，但是飛機卻因為超重的關係，加速的很慢，跑道到了一半時空速錶的指示還只有四十幾浬，不過他並不緊張，因為他對那兩具發動機有相當的信心。

當飛機接近跑道盡頭時，空速錶的指示已經達到七十五浬，於是他將駕駛盤拉回，飛機在慘澹的月光下，擦著跑道頭的草尖，飛進了台南市的夜空。

飛機即使順利的起飛，額外的燃料及機艙內的貨物，還是使得飛機的爬高率僅在每分鐘一百呎以下，直到飛機出海時，高度也還只有七百餘呎，不過那時因為沒有地面障礙物的關係，陳文寬將機頭放鬆，想將高度換成速度，等空速達到一百二十五浬之後，他就開始向後轉，對準海南島的方向飛去。

在最初的那段海上飛行，陳文寬將飛機保持在三百呎至五百呎之間，這樣他知道他不會撞上任何船隻的桅桿，同時也不會在爬高的過程中，耗去過多的油料。

飛機起飛兩個半小時之後，飛機右前方的天際出現了一片亮光，他知道那裡就是不夜城香港，雖然香港在飛機右前方三十餘浬的地方，由他們的位置及高度根本看不到那裡，但是它所發出來的光卻將右邊天際照的通亮。

看著那明亮的天際，陳文寬不禁想到在那些燈光之下，正有著一群人在享受著紙醉金迷的夜生活，還有著一些人為了生活而不得不在這個時間去用體力換取生活所需，更有著一群人趁著這夜色正在從事一些不法的勾當，那些人雖然生長在同一個城市之下，也同樣的清醒在這個時刻，但是他們的人生目標卻是迥然不同的。同樣的，陳文寬想到目前他這架飛機上的幾個人，是否每個人的目標都是相同的呢？

飛機在預定的時間進入了雷州半島，翼下除了稀疏的燈火之外，並沒有任何動靜。正如陳文寬預測的情形一樣，共產黨在當地沒有任何的防空設施，對於這架於拂曉之前造訪的不速之客，沒有任何表示。

飛機在黎明之後不久，由越南海防稍南一點的地方進入中南半島，同樣的越南也沒有任何動作來詢問這架闖入領空的飛機。陳文寬將機頭向西南方偏去，他要先往寮國的巒巴拉邦飛去，他預備在那裡碰到湄公河之後，再順著河流往上流飛去，這樣在遇到河流一個急轉向北的地方後，就可以向西找到猛撒。

湄公河的確是一個相當顯眼的地標，在空中順著河流飛，就像在地面公路上開車一樣的方便，他記得多年以前他由漢口飛往重慶時，無論天氣多糟，他都可以一路順著長江而飛到目的地，那時他還開玩笑的告訴美籍同事，他也是利用 IFR（儀器飛行規則，Instrument Flight Rule）飛到那裡，只是他的 IFR 是 I Follow River（我順著河流飛）。

那架 PBY 在當地上午十點飛抵猛撒，由空中望去，那只是一片清除乾淨的空地，三千呎左右的長度足夠 PBY 落地，只是當地沒有風袋，這使陳文寬無法得知地面的風向及風速，於是他請機械員由後艙投下一枚煙霧彈，想藉著煙的方向來判斷風向及風速，沒想到這枚煙霧彈卻讓地面的人們起了恐慌，大家以為那是毒氣彈，許多人開始向四下逃去，這反倒幫了他一個大忙，因為廣場上的人一下子就散去了許多，使陳文寬省去了許多顧慮，他記得抗戰期間，他帶著蔣委員長前往青海視察時，地面也是擠滿了人群，他必須投下通訊袋，請所有的人退後二十公尺，他才能順利落地，這次那枚煙霧彈也替他省去了麻煩。

知道風速及風向之後，陳文寬開始進場，由空中看去落地區域還算平坦，陳文寬在第一次低空通過時，還用起落架去輕輕的試探了一下當地的土質硬度，在覺得一切沒問題之

PBY 在猛撒，滇緬孤軍基地

後，他才在第二次通過時落地。

飛機停妥之後，立刻湧上了一大堆人，用新奇的眼光打量著那架飛機及飛機上的幾個人，在那個叢林中待久了的人，連汽車都不常見，遑論這麼大的一架飛機，而能駕著飛機由台灣渡海前來的人，更該是超人了！

陳文寬在下飛機之後，被帶到附近的一個辦公室，在那裡他見了當地的指揮官李彌將軍。李將軍雖然是一位叱咤風雲的將軍，但是在陳文寬看來他卻是非常平易近人，在與李將軍共進午餐時，他記得將軍曾說過如果他有足夠的武器，由他的所在地他可以反攻大陸，並牽制住大批的共軍，陳文寬聽了他的話，再看著他嚴肅的態度，一點都不懷疑那些話的真實性，但是，整個事情的癥結就是「如果他有足夠的武器」，而陳文寬了解他將很難得到「足夠的武器」！

那天吃完中飯之後，陳文寬及他的組員被帶到一處安靜的地方，讓他們能夠小睡休息一下，因為當地沒有燈火可供夜間起飛之用，所以他們必須在日落之前就由當地起飛回航。

稍事休息小憩之後，陳文寬發現有一位軍人手裡拿著一個木瓜站在他的房間門外，當時，他不以為意，因為當地到處都是軍人，直到那人問陳文寬記不記得他是誰時，陳文寬

才警覺到他也許認識那人？但是在他的腦海中卻無法找到任何那個人的記憶。

「十四年前，漢口淪陷前夕，您將我及我的十幾位弟兄由漢口帶出來，如果不是您的話，我今天不會站在這裡。」那人說了之後，陳文寬才猛然想起那段塵封的往事（詳情請看《螺旋槳邊的歲月》）。

看著站在面前那位魁武的軍人，陳文寬的思緒一下子就回到了漢口淪陷前的那一天。他知道如果當時他不讓那些人登機的話，他們很可能無法逃出日軍的魔掌，而在過去的多少年間他也不只一次的想過那幾位軍人的下落，如今其中一位軍人就活生生的站在他的眼前。

那位軍官向他表示他一直將「陳文寬」的名字記在心中，因為他很了解如果不是陳文寬當時讓他們搭上飛機的話，他們絕對是死路一條。所以陳文寬真是他的救命恩人，抗戰勝利之後，他不只一次的見到陳文寬的名字在報章上出現，但都無法見面。這次當他聽到那架復興的飛機飛行員是陳文寬之後，就趕到他休息的房間外面等著，說什麼都要與陳文寬再見一面，感謝他的救命之恩。說著那位軍官拿起手裡的木瓜，說要送給陳文寬，他並表示因為他實在是沒有任何其他貴重的東西可以相贈，只有拿當地出產的木瓜來聊表心意。

猛撒，滇緬孤軍基地

陳文寬對那人誠懇的態度相當感動，他收下了那個木瓜，並表示很高興知道他能在經過那些戰亂之後，仍能在這裡為國效力。陳文寬並將隨身的一支西華鋼筆送給那位軍官，以示對這次在異地重逢的喜悅及當作一個見面禮，但是那位軍官卻是說什麼也不肯收下那支筆，並表示在那蠻荒地帶會辜負了那支筆，陳文寬見狀只有將那支筆收回，分手之前，陳文寬握著那位軍官的手，告訴他，如果有機會到台灣，一定要到復興航空公司去找他，屆時兩人一定要好好的喝一杯來紀念兩人在這亂世中的緣份。

當地的日落時間是下午五點半，所以在五點鐘的時候，陳文寬就進入駕駛艙準備起飛，他請當地的駐軍在距離飛機約一百公尺的地方升起一堆火，然後在上面放一些剛從樹上砍下來的樹枝，這樣那堆火再加上新鮮的樹枝之後，就開始冒煙，陳文寬再根據煙被風吹的方向，來決定起飛的方向。

知道風的方向之後，陳文寬將飛機滑到下風邊，這樣飛機就可以迎風起飛，以減少滑行的距離。在滑行的時候陳文寬覺得飛機竟是相當的輕巧，在卸下所有的貨物之後，再加上飛機裡的汽油只有來的時候的一半，輕巧是必然的現象。

飛機順利升空之後，陳文寬將飛機轉過頭來，對著歡送的人群俯衝下去，並在通過他們頭頂上空時，搖擺機翼，以另一種方式來對他們說「再見」。

在漆黑的夜空中回飛的時候，陳文寬看著滿天的星斗，想著當天在猛撒短短的幾個鐘頭裡，他看到了那些在困苦環境中仍然堅定不移的軍人及他們的眷屬們，他們的精神實在讓陳文寬感動。一個年紀大概只有十來歲的孩子，在那架PBY機身上復興那兩個大字的後面，寫下了「中華」兩個小字，代表了他心中「復興中華」的意願。

想到這裡，陳文寬覺得由復興航空公司來執行到猛撒的包機任務，國防部還真是選對了，他們還真是替公司取對了名字！

飛機循著原路回飛，因為飛機輕了許多，可以爬到較高的高度，利用高空的東向氣流來增加飛機的速度。當他們在通過雷州半島之後，他們的高度已達一萬二千呎，而那天在那個高度的高空風的風速竟達六十浬。而根據陳文寬利用六分儀測星象的結果，他算出當時的地速竟也高達一百八十浬。

在離台灣還有三百浬的時候，陳文寬開始呼叫台北，想了解一下當時台北的天氣狀況，但是叫了幾次都沒有回應，他等了一會兒後再度呼叫，這回有了回音，但不是來自台北，而是來自香港。

香港的電台在聽到陳文寬呼叫了幾次台北之後，切進來問他當時的位置及有沒有什麼香港管制中心可以幫忙的。

陳文寬聽了之後，相當詫異香港竟會回應他的呼叫，於是只有硬著頭皮回應：「目前位置台南機場北邊五浬，飛向台北途中，要求台北天氣。」他為了避免麻煩而沒將真實的方位報出。

香港的電台聽了回應之後表示他們的台北天氣資料是三個小時之前的，對陳文寬大概沒有什麼幫助，陳文寬聽了之後只有說謝謝，因為事實上他該還有兩小時才會抵達台北，那時香港的資料應該已經是五小時前的老資料，根本沒有用了。

那天陳文寬一直到飛機過了台中之後，才與台北取得聯絡，得知台北天氣無風，能見度七浬，是一個相當好的天氣。他於清晨三點在松山機場落地，結束了這緊促的中南半島一日遊！

那次航行之後，陳文寬覺得那是個可以做的生意，雖然國防部所給的十五萬台幣一趟的價錢，是僅夠打平開銷而已，但是每個月兩趟的包機，將多給公司帶來三十萬元的收入，這已是能讓公司存活下來的一樁大生意了。

既然第一趟的飛行是陳文寬與陳國明兩人共同飛的，因此陳國明對那段航程也有了相當的認識，於是陳文寬就安排了他與陳國明兩人輪流執行那個支援滇緬孤軍的任務，副駕駛則是由公司中資淺的飛行員輪流擔任。

一九五三年的三月間，孤軍與當地的緬甸軍隊發生了巨大的武裝衝突，孤軍歷經了多少年來大小戰役的鍛鍊，加上大家知道如果戰敗就無處生存的壓力，所以打的緬甸軍隊節節敗退。在無法抵抗孤軍的情況下，緬甸政府就向聯合國提出訴訟，控告中華民國「侵略」。這時美國反而受到了相當大的壓力，因為緬甸在聯合國所提出的證據當中，有許多武器明顯的是來自於美國，因此美國轉而向台灣提出建議，希望運送武器的事可以暫停，或是減小規模。

就在那同時，陳文寬在他的辦公室裡見到了一位「不速」之客，那是政府由上海撤退之前，曾在上海中央航空公司任職過的一位美籍飛行員，他在大陸淪陷之後就離開了飛行線，轉到國務院上班，因為他對亞洲及中華民國政府有著相當的認識，所以不久就被派到台北的美國大使館來擔任外交官。

這位外交官在見到陳文寬之後，先是與他拉交情，因為到底在上海的時候，他曾在陳文寬的底下做過事。而陳文寬非常了解他在這個敏感時刻造訪的原因，所以也順勢著與他閒話家常。

大家聊了幾句之後，那人開始將話轉入正題。

「嘿，文寬，中南半島最近鬧得很凶啊，我是指老蔣的殘餘部隊與緬甸正規軍之間的

衝突。」

「你是駐台北的外交官，對那裡的事也很注意？」

「唉，你是知道的，誰也不敢說我們明天會派到哪裡，所以我們必須對整個世界的大事都要關心。」

「所以你已經準備好要去緬甸了？」陳文寬開玩笑著說。

「嘿，說不定噢。不過你有沒有想過，老蔣的那些殘餘部隊哪裡來的軍火去跟一個正規軍作戰？還可以佔得了上風？」那人開始進入正題。

「我怎麼會知道軍火從哪裡來的？說不定是打勝了緬甸軍隊後的戰利品。不過說到緬甸軍隊不堪一擊，我覺得你可以建議美國國會，開始派軍事顧問團到緬甸，那麼你就真的可能被派到那裡去了。」

「文寬，既然你這麼說，我就明講了吧，我們知道是你的飛機將武器送到那裡，現在情況很緊，我們希望你能停一陣子。」

「虧你還是個內行人哪，你又不是不知道我那種飛機根本無法應付來回的航程，再說那裡也沒有機場可供起落。」陳文寬繼續裝糊塗。

「文寬，真人面前不說假話，我們有人看到你的飛機在猛撒降落。」

「猛撒？我可從來沒聽過那裡。在緬甸嗎？」

「文寬，你別裝糊塗，我可是將話帶到了，如果你執意孤行，那麼你將要自己負起所有的責任。」那人身為外交官，卻沒有靈活的外交手腕及圓滑的外交辭令。

那天那人走了之後，陳文寬開始覺得猛撒空運的合約大概就要畫下句點了，因為他了解美國人如果要做一件事，那麼他們總會想辦法去做到的。

果然幾個月之後，復興開始在收帳方面有了問題，先是拖延，後來就乾脆以預算不足而停止付款，復興在無法順利的收到前兩次空運的款項之後，就在一九五三年的八月停止了猛撒空運的任務。

復興前後一共執行了三十次的猛撒空運，除了一次陳國明因為時間計算錯誤，在抵達雷州半島附近時已經天亮，他本來想繞道海南島南邊，避過共產黨所控制的區域，但是經過計算，發現繞道之後，將沒有足夠的汽油可供返航之用，所以他就決定即刻回返，那是唯一沒有達成任務的一次。其餘每次都是圓滿達成。

支援滇緬孤軍的猛撒空運雖然是以商業行為做為基礎，但是陳文寬在那些任務中所表現出來的勇氣及愛國的情操，曾讓了解這些內幕的人佩服不已。

第十四章　大陳撤退——離鄉背井求新生

在一九五一年到一九五五年之間，「大陳」是復興航空公司最常前往的一個外島，平均每個星期都要去一、兩次。陳文寬對那個地方的海域也相當的清楚，知道在什麼天氣之下，該降落在什麼地方。

陳文寬第一次飛大陳，他就對當地的防衛相當擔心，因為那裡距台灣兩百多海浬，而中共在對岸用眼睛就可以看得見，如果中共真的想動大陳的話，陳文寬覺得台灣連反應的時間都沒有。

然而時間一年一年的過去，中共似乎對那個近在咫尺的島嶼並沒有任何興趣，陳文寬也逐漸放鬆了每次飛到那裡時身在最前線該有的警覺。

直到一九五四年的九月，中共開始密集的炮擊金門，雖然炮擊只維持了幾天，但是陳文寬已覺得中共其實對那些沿岸的小島，並不是全然視而不見的。

當年十二月，陳文寬前往大陳的頻率大幅增加，他幾乎每個星期都要去那裡兩到三次，年底的那個星期他竟然在一星期內前往那裡六次！那時他就覺得政府可能要由大陳撤退了。只是他不知道政府該如何將那裡數以萬計的守軍安全的撤出，因為他知道當時政府並沒有運輸及掩護的能力，如果中共決定在我方撤退的途中展開攻擊的話，那將是一場非常慘烈的戰役。

一九五五年一月十日那天，陳文寬帶著幾位國防部的官員飛往大陳。在飛機接近大陳時，他接到大陳的電報，告訴他中共的飛機正向大陳附近的海軍艦艇攻擊，因此當地並不適合降落，請他迴避。陳文寬將此消息轉給機上的幾位軍官，並表示要轉回台灣。但是機上的一位上校要求，是否可以將飛機飛近一點，這樣他可以由空中看清楚敵我兩方的態勢。

陳文寬沒有理會他的要求，他將飛機做了一個大角度的轉彎，並大幅降低飛機高度，以幾乎是貼著海面的高度飛回台灣。那次他不認為「顧客永遠是對的」，他知道如果他貿然闖入大陳空域，中共的飛機對他展開攻擊的話，他是絕無逃脫的可能。

同年二月初的一天，蔣經國搭乘陳文寬的飛機前往大陳，當天大陳的天氣是雲層密佈，他在距離大陳三十浬的地方，開始順著大陳電台的電波下降高度，當他在五百呎高度飛出雲層時，他發現前一天還是空曠的海域，那時已被海軍的艦艇所停滿。他必須將飛機飛到島的另一邊去降落，降落之後再由岸上派出一艘小艇將蔣經國送到岸上。

那天他在飛機上等候蔣經國回來的時候，他用望遠鏡觀看遠處的艦艇，結果他看到了

其中許多軍艦所懸掛的國旗竟是美國的星條旗，那時他才知道原來政府已經與美國政府達成協議，由第七艦隊掩護我國將大陳的軍民撤回台灣。

那天中午，陳文寬正在飛機駕駛艙裡吃著午餐，突然聽見有飛機低空飛過的聲音，他緊張的趕緊探頭出去，想看看是不是中共的飛機，因為在那裡除了他那架 PBY 之外，幾乎不可能有其他飛機。結果他發現竟是一架美國海軍的 PBM 水上飛機，那架飛機在低空飛過一遍之後，在他的旁邊降落。降落停妥之後，那架飛機的後艙門打開，裡面的人將一艘帶著馬達的小艇放出，之後飛機內出來幾個人跨進小艇，啟動馬達，對著岸邊駛去。陳文寬看在眼裡覺得那真是一個非常好的設計，飛機在水上降落之後，可以立刻用那馬達小艇上岸，不需要像復興這架還要等岸上派人來接。

那架美軍的飛機只停了一個多小時就離開了大陳，陳文寬在它起飛的時候，還替它照了一張相片。

大陳撤退是二月八日開始的，那天陳文寬也是帶著俞部長在一大早就趕到大陳，俞部長登岸之後，陳文寬與孫明遠兩人在飛機上看著岸上的軍民排著隊，相當有秩序的登上小艇，再接駁到海軍的艦艇上，那種情形使陳文寬想起當年由香港撤退到重慶的時候，在啟德機場也是一大群人排隊等待登機，當時他看著那些在排隊的人，臉上那種無奈亦無助的

美軍落在大陳附近之 PBM 水上飛機

表情，曾讓他感到辛酸與難過。中國人是一個鄉土觀念相當濃厚的民族，「人不親，土親」說盡了人們對故鄉的眷戀，在香港的那群人是逃避日本的侵略，然而，目前在大陳，那些人攜家帶眷的逃往一個對於他們完全陌生的島嶼，逃避的竟是一群和自己同文同種但理念不同的人。

二月十日，撤退行動進行到第三天時，參軍長孫立人將軍也搭他的飛機到了大陳，那時大陳的民眾幾乎已經撤空，剩下的只是軍人了。那天孫將軍還將一株原來種在防衛司令部門口的茶花挖起來，帶回台灣做為一個永久的紀念。

那天是陳文寬最後一次飛往大陳。

第十五章　搶救美軍——怒海援助落水者

一九五四年三月十八日，上午七點，一架美軍的 C-119 運輸機，由琉球的嘉手納空軍基地起飛，前往菲律賓的克拉克空軍基地。飛機上除了機組人員四人之外，還有乘客五人，他們是美國國防部派往菲律賓擔任飛機維修的教官。

雖然飛機上的乘客都是飛機維修方面的專家，但是他們那架飛機卻在起飛一個鐘頭之後，操縱系統發生嚴重故障，整架飛機完全不受控制的在空中亂飛，先是在毫無預警的狀況下開始以大角度俯衝，飛行員用盡了力氣將駕駛盤拉回之後，飛機又開始以大仰角爬高，飛行員開始將駕駛桿前推，但是飛機卻沒有任何反應，繼續爬升著，等到飛機進入失速時，機頭才掉到天地線以下，對著海面衝去。兩位面色已經慘白的飛行員再度開始將駕駛桿拉回，飛機就在一連俯衝及爬升中飛行，後面的乘客根本無法坐穩，只能緊抓著帆布椅的邊緣，祈求著上帝的庇佑。

飛行員眼看飛機根本無法操控，而且即將墜毀，於是下令全體組員跳傘逃生，機工長及通訊官趁著飛機再度爬高時，衝到後艙，將棄機跳傘的命令下達給那五名乘客，於是大家趕緊穿上降落傘，並在機工長的協助下，將飛機後艙門打開，陸續跳離飛機。

兩位飛行員在得知所有乘客都已跳出飛機後，將飛機的自動駕駛電門按下，預備將飛機交給自動駕駛後，跳離飛機。沒想到飛機在接上自動駕駛後，竟奇蹟似的恢復了控制。那時飛機本來正在俯衝的狀態，但是自動駕駛卻將飛機慢慢地由俯衝恢復成平飛。兩位飛行員在驚慌中看著這難以置信的狀況在眼前發生之後決定留在飛機上，看看是否能夠繼續以自動駕駛將飛機飛到最近的台北松山機場落地。

那兩位飛行員在緊張的駕著飛機往台北飛去的途中，沒有忘記以G頻道呼叫附近所有飛機、船隻及地面電台，通知他們有七名美軍在台灣到琉球的海域間跳傘待救。

聽到呼叫訊號後，最早出動的是位於琉球的美國空軍救護中隊，他們派出了兩架HU-16信天翁式水陸兩用機前往現場。他們飛到現場之後，很快的就找到了在海上沉浮著的那幾位跳傘者。

但是當時的海象太糟，一、兩層樓的浪，讓那兩架水陸兩用機都不敢貿然在海面降落。只能在空中盤旋，希望能夠碰到有一段平滑的海面可以讓他們降落的機會。

就在那時，一架民航空運隊的飛機在附近通過，由無線電中聽到談論在海上降落的對話，於是插進來，詢問到底是怎麼一回事，等到他知道是有人在海上待救時，就告訴他們這種事應該去找陳文寬，因為「那個傢伙能在任何水面降落」！

美軍在那時已經為了在海上的那幾位同僚用盡所有的辦法，兩艘軍艦也在全速的趕往現場，但是最快也得要五、六個鐘頭之後才能抵達，而三月間的太平洋海水是冰冷的，誰也沒有把握那些人能在海上再撐幾個小時，所以在聽到陳文寬有能力在任何水面降落之後，立刻就問清了聯絡方法，並立刻派人與他聯絡。

因為美軍當時所得到的消息是陳文寬在台灣的復興航空公司任職，所以當時美軍就透過美軍協防司令部與中華民國的民航局聯絡。民航局在接到救難的請求之後，再與復興航空公司聯絡，希望復興能儘快派出水上飛機前往基隆以東一百多浬處，營救落海的七位美軍人員。

復興航空公司在上午九點半左右接到民航局的通知之後，馬上打電話到陳文寬的家裡，將美軍請求營救的事向他報告。陳文寬一聽知道事情緊急，於是吩咐公司將飛機準備妥當，並將發動機啟動，他本人會儘快趕到機場，這樣到達機場之後可以立刻起飛。

當陳文寬趕到機場時，那架「藍天鵝」水上飛機的引擎已經啟動，在停機坪上等待他了。陳文寬在跨進駕駛艙，在駕駛座位上坐穩，聽到副駕駛孫明遠報告機件一切正常之後，立刻推上油門，將飛機滑出停機坪，向跑道駛去。幾分鐘之後那架「藍天鵝」就凌空而起，朝著東方飛去。

還沒有飛到現場，陳文寬就可以在飛機正前方看到有一群飛機在那裡盤旋，他大略的看了之後，覺得最少有四架飛機在現場上空。他與一架 HU-16 水上飛機的飛行員取得聯絡，知道了當時的風向、風速及海浪的方向，他發現風向與海浪的方向幾乎是直角，這種情況就像要在九十度側風的情況下落地，而在海面降落本來就要比在陸地上難得多！難怪美國空軍的那兩架比他的這架 PBY 還要新的 HU-16，也只能在空中盤旋，望「洋」興嘆！

陳文寬在飛抵現場之後，先低空飛了一圈，那時他看到了兩艘橡皮艇，但是在仔細觀察之後，他發現那兩條艇上竟然沒有人，原來那兩艘橡皮艇是從美軍救難飛機上所投下去的，而海面風浪太大，那些落海的美軍根本無法靠近！

橡皮艇上雖然沒有人，但是利用它們當成座標，再根據已經在場盤旋許久的美軍飛行員指示，陳文寬很快的就發現了幾位在海中載浮載沉的待救者。

發現待救的人之後，陳文寬開始仔細的觀看海面狀況，他覺得情況雖然惡劣，但並不是完全不可能降落。於是他低空飛過那些人上空幾次，再根據他的經驗，他就決定了該如何在那波濤洶湧的海面上降落。

他遠遠的看準了一個浪頭，然後壓著機翼對著它飛去，在飛機的機腹碰到浪頭之後，立刻將油門收回，飛機在碰到浪頭之後，反彈起來，而那時發動機的動力已經消失，於是飛機幾乎就是在浪頭上失速，彈起來的飛機隨即就像一塊石頭似的再度落回海上，這次飛機就隨著浪開始漂浮。而在天上觀察的美軍飛行員還沒看清楚是怎麼一回事的時候，陳文寬的飛機已經在海上安全降落了。這一手絕招讓在空中盤旋的美軍人員發出了由衷的讚嘆。

在天上看那些待救的人是比較容易，飛機一旦落在海面上，因為風浪起伏的關係，就不大容易找到那些人，這時天上的那些盤旋飛機就成了最佳的觀測台，他們用無線電告訴陳文寬在哪個方位有幾個人，陳文寬再根據他們的指示將飛機滑向目標。

就在這時，機械員前來向他報告，飛機在降落時因為海面浪頭的力量太大，將機身的一些鉚釘震掉了，海水就從那些鉚釘的洞口滲進機身，而當時那架飛機因為倉促出動，快速補洞的零件並沒帶在飛機上，所以如果不立刻補洞或是趕緊起飛的話，等一會兒那將會是一個大麻煩。

陳文寬看著海水由機身的幾個小洞源源不斷的流進機身，那是他必須立刻處理的問題。他看到機械員上衣口袋中插著一支鉛筆，於是他伸手將那鉛筆拿出，叫機械員用那支鉛筆插進鉚釘的洞裡，因為鉛筆的直徑與鉚釘相差無幾，而且鉛筆的一端是尖的，正好可以插進鉚釘洞，而且在進到某一程度時就會咬緊鎖住，那時再將鉛筆折斷，這樣就可以將

洞暫時補上。

那架飛機上的幾個洞就由鉛筆暫時補住了！

在天上飛機引導下，陳文寬順利找到了第一個待救者，然而當飛機滑到他身旁時，那人卻無任何反應，頭下垂著，任由海浪沖刷的東漂西盪，當時飛機上的人以為他只是過度的疲倦，所以只有用救生繩索將他套住，把他拉到機門旁邊，然後飛機上的幾個人著實費了一番工夫才將他拉上飛機，但是將那人拉進飛機之後，他們才發現那人已經氣絕多時。

陳文寬在駕駛艙裡除了要找其他的待救者之外，還要隨時注意海浪的動態，因為萬一旋轉中的螺旋槳碰到海浪的話，那就會像碰到石頭一樣的可怕，所以他必須隨時控制發動機的油門，避免讓海浪打到運轉中的螺旋槳。

將第一位待救者拖進機艙之後，大約又過了半個多鐘頭，陳文寬在飛機左邊發現有人在向他招手，那是四位綁在一起的待救人員。因為那時那些人就在左翼旁五、六十呎的地方，飛機無法定點轉彎向他們滑去，所以只有盡量將飛機穩在那裡，等著他們向飛機靠近。而那區區五六十呎的距離，竟讓那些人花了近四十多分鐘才游到飛機旁邊。

那時的藍天鵝就像一隻喝醉了的天鵝一樣在大浪滔天的海面上跌跌撞撞的漂浮著，天空的飛機通知陳文寬最後兩位待救人員在距離飛機後方約一哩的地方，那個距離是不可能讓那兩人游過來的，於是陳文寬將一號發動機油門推上，希望利用兩個發動機推力的差距，將飛機以最小的半徑轉一個一百八十度的彎，然而海浪同時也將那兩人向另一方推去，所以在陳文寬轉彎的當兒天上的飛機也不停的提供那兩位待救者新的方位，讓陳文寬可以順利的划到兩人身邊。

就這樣邊轉彎邊修訂方向的情況下，陳文寬終於在飛機的正前方發現了那兩個人的蹤跡，然後又經過了一番折騰後，才將那兩人拖進機艙！

救援的第一步在所有人都救進飛機之後完成，接下來就是要由那怒海中起飛，整個救援工作才能算是大功告成，但是要在那種海面起飛，是要比當初在那裡降落困難得多。

當初降落時，在飛機機身碰到浪頭之後，將發動機油門收小，讓飛機在浪頭上失速，飛機就會很快的慢了下來。如今要在那種情況下起飛，就必須將飛機加滿油門，跟著浪頭前進，希望在浪頭倒下去之前得到起飛速度，離開海面，否則就要趕快將油門收回，免得飛機衝到浪前面，被浪打到。

陳文寬試了幾次，都因為風浪的關係而無法即時獲得起飛速度，就在那時美軍的一艘軍艦已經駛進那片海域，軍艦與陳文寬取得聯絡後，希望那幾位獲救的人員能再登上救生艇，並設法前往那艘軍艦。然而那時在機艙裡的幾個人是說什麼也都不肯再回到白浪濤天的大海裡，陳文寬雖然覺得如果他們離開飛機，飛機重量減輕後說不定可以容易升空，但是他也不怪那些人不願意再回到海上，他知道如果是換成自己，他也不會願意再回到那怒海當中。

陳文寬那時在飛機前面也發現了一群小島（釣魚台群島），他看著島上的山，又看了看他旁邊的軍艦，心中突然興起了一個念頭。他通知那艘軍艦，請他們開到他飛機的正前方，然後用全速航行，這樣軍艦可以替他將浪推開，飛機將跟在軍艦約一哩的後方，在通過那個小島時，島上的山剛好可以替他擋住那強勁的東北風，於是他就利用軍艦將浪推開及風被山擋住的情況下，加滿油門順利的由海上起飛了。

當陳文寬的那架藍天鵝回到松山機場落地，滑到停機坪時，剛好停在那架美軍 C-119 的旁邊，幾位萬劫歸來的美軍由飛機上下來之後，看著那架當天上午幾乎墜毀的飛機安然無恙的就停在他們旁邊時，真是百感交集。

當時在飛機場歡迎他們安全歸來的人群中，除了公司內部人士、民航局官員及美軍顧問團的幾位軍官之外，還有幾位報社的記者，他們詳細的將這起驚險的海上救生過程記錄下來，並在次日發表在報章上，群眾們那時才知道復興航空公司竟然也參與海上救難任務，而不僅僅是普通的航空公司。

美國大使館代表美國政府贈勳給陳文寬，左起：美大使館官員，陳文寬太太，陳文寬，空軍總司令王叔銘

那天陳文寬在海上總共停留了四個多小時，他的勇氣及技術贏得了在場所有人士的敬佩，美軍顧問團的團長蔡斯將軍除了親自到復興航空公司向陳文寬致謝之外，美國政府也為此特別給了他一枚獎章，感謝他那天在怒海中救人的壯舉。

第十六章　印尼空投——支援他國革命黨

一九五四年七月間，陳文寬在辦公室接到一通電話，是一位自稱「王先生」的人打來的，那人告訴陳文寬他是經由一位在國防部的朋友介紹，想要與陳文寬商量一下有關於租飛機的事。既然是有關公司的業務，於是陳文寬就約他到公司來商談，但是那人卻表示他想趁此機會請陳文寬喝杯咖啡，所以希望陳文寬能前往位於中山北路的美而廉咖啡廳，陳文寬聽了之後，立刻意識到請喝咖啡只是藉口，一定是有比較敏感的事不方便在公司商談，於是他馬上就答應前往美而廉與那人見面。

到了美而廉咖啡廳，陳文寬發現那位王先生與另外一位蘇先生已經在那裡等待了，三人先是客氣的寒暄了一陣，然後王先生表示他是在印尼做生意的華僑，當時有一批貨急需由台灣運到印尼，因此想向復興航空租一架飛機。陳文寬聽了之後就先問那批貨是什麼東西？王先生看了看左右，然後壓低了他的聲音說：「步槍。」

陳文寬聽了之後先是一驚，因為在當時戒嚴的情況下，私運軍火可是要殺頭的重罪，但是繼而一想，他們是要將步槍由台灣運到印尼，那麼這批步槍的來源很可能是國防部的兵工廠，而那位王先生在電話中曾表明是國防部的朋友介紹他來找復興，那麼這整個行動的幕後策劃人該就是國防部了。

「有出口許可嗎？運到印尼哪裡？」陳文寬很平靜的問。

「這批貨就像您以前運到緬甸的那些貨一樣，不需要出口許可，你們由台灣飛到印尼杜邁（Dumai）附近的一個島上，在那裡不用落地，用降落傘將那些貨投下去。」那位王先生將這個軍事般的行動說得就像是很普通的一個包機任務。

「照你這麼說，我想印尼政府方面並不知道這件事吧。」

「我想他們會很希望知道這件事，但是他們完全不知道。」坐在一旁的蘇先生笑著說。

「那麼，我想我們政府該知道這件事吧？」

「您說的一點都不錯，我們政府很了解這件事，其實就是國防部的這位上校，讓我來與您聯絡的。」那位王先生說著並掏出一張名片給陳文寬看，陳文寬看著名片就了解了整個行動該就是國防部所策劃的。

「好吧，我回公司去與其他股東商量一下，明後天會給您一個答覆。」陳文寬說著站了起來，其實他並不需要與其他股東商量，他只是想與國防部裡的熟人打聽一下這件事的詳細情形。

國防部的朋友告訴陳文寬，那是因為美國政府為避免共產黨對印尼的控制，而與附近的一些反共國家聯合起來，秘密支援印尼的地下反動組織，而這次將武器運到印尼就是那個反蘇卡諾政權專案下的一個任務，只是因為空軍不方便出動去執行這類的活動，所以就交給了在這方面有著相當經驗的復興航空公司來執行空投。而且政府方面也不方便指示復興航空公司來做這件事，於是就請那位王先生直接與陳文寬接觸。

在知道了整個事情的來龍去脈之後，陳文寬通知那位王先生，復興航空公司可以接下這筆生意，並要求告知詳細的空投地點。

根據王先生所提供的地圖來看，由台灣到印尼杜邁的直線距離有一千七百餘海浬，飛機不可能在那裡落地加油，更不可能帶著來回的油去飛這一趟，因為那樣將不可能有空間再攜帶任何貨物。那十箱步槍及降落傘的重量幾乎就有一千公斤，以飛機最大的起飛重量來算，去掉貨物之後他最多只能帶兩千加崙左右的油量，那麼飛機一定要在途中去找一個加油點，才可勝任這趟任務。

找加油點時還要顧慮到，得要有一個合理的理由，總不能說是因為前去印尼空投武器而無法帶足所需的油量。陳文寬仔細的研究了印尼及南中國海附近的地圖，他覺得唯一可行的方法就是在回程的時候，前往南越的西貢（今胡志明市）落地加油，如果越南官方詢問飛機由哪裡來時，則可以表示飛機是由台灣前往南中國海中的太平島，因當地沒有足夠

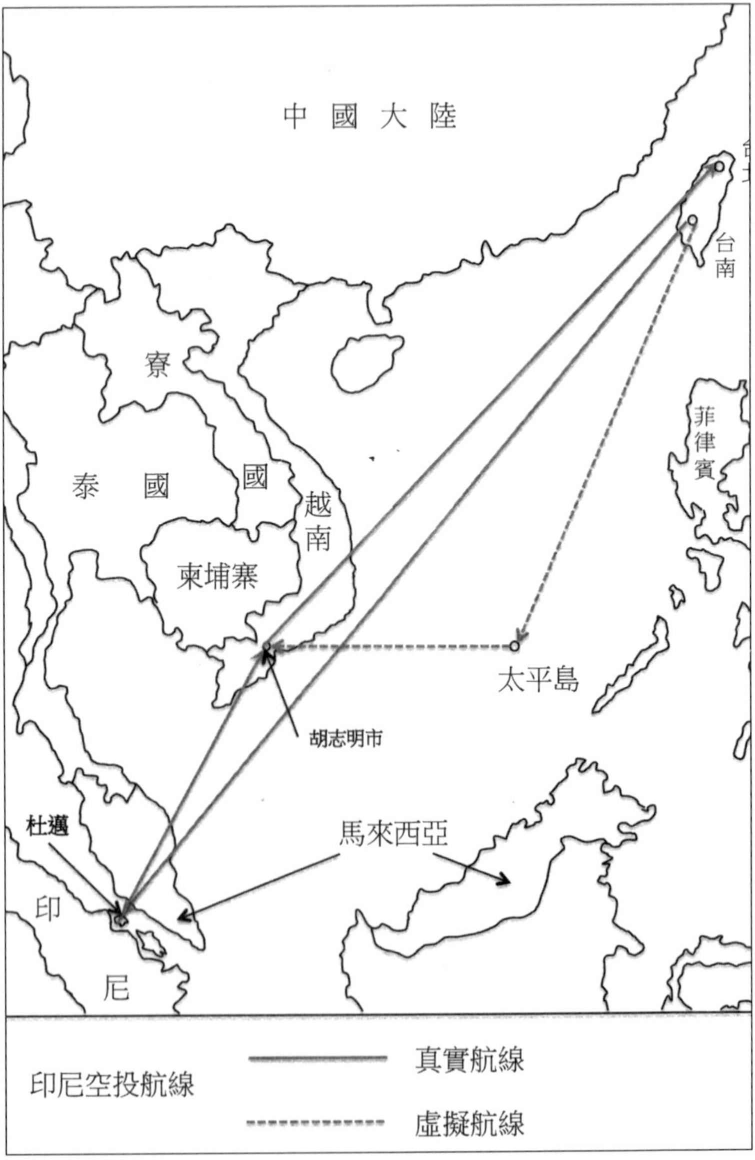
中國大陸
台南
寮
泰國
國
越南
柬埔寨
菲律賓
太平島
胡志明市
杜邁
馬來西亞
印
尼
印尼空投航線
真實航線
虛擬航線

由台灣前往杜邁之航線

的汽油儲存，所以必須到西貢去加油，那將是一個合情合理的解釋。

那十箱步槍運到松山機場復興棚廠的時候，陳文寬將其中一箱打開來看，他發現槍上有新的磨痕，想來必是為了防止槍枝的來源被發現，製造廠商的標誌及序號均已被磨掉。

為了避免在西貢加油時有不必要的麻煩，陳文寬還特別做了兩套航行計畫，一套是前往印尼空投的真正航行計畫，另外一套則是預備給越南官方檢視時所用的飛往太平島的航行計畫。

為了航程過遠的關係，機身內必須加裝長程油箱，而那些長程油箱也所費不貲，於是陳文寬又直接去找國防部的相關單位要求支援。很快的空軍就將兩個原來裝在 C-47 上的長程油箱送到復興的棚廠，並協助復興的技工們將它裝上 PBY。

出發那天就和以前飛往猛撒時一樣，先由台北飛台南，在台南將所有油箱加滿之後再由那裡起飛前往印尼。而起飛的時間也像是前往猛撒一樣，要由抵達幾個關鍵點的時間回推，來算出起飛時間。在印尼杜邁執行空投的時間必須是在清晨四點左右，這樣空投完畢之後，轉飛抵達西貢（今胡志明市）的時間才可以與由太平島飛到西貢的時間相吻合。由清晨四點開始回推，那麼由台南起飛的時間應該是下午兩點。

下午兩點的台南是炎熱的，尤其是在炙暑的七月間，再加上過重的關係，藍天鵝在跑道上加速的很慢，幾乎是用完了最後一吋跑道才飛進藍天。那時陳文寬早已是汗流浹背，他只希望飛機能早一點爬到清涼的高空，然而飛機卻像是一隻老母雞似的，雖然用力振翅，但成效卻相當有限。

等飛機爬到七千呎的空層時，已是起飛將近一個鐘頭之後了，由於 PBY 沒有自動駕駛的裝備，陳文寬只有將調整片調到平飛的最佳姿態，才可以減輕一路上親手掌舵的辛勞。

南中國海上空是寂寞的，那架藍天鵝孤零零的飛在其中，似乎真有前不著村，後不著店的孤寂。陳文寬在座艙中看著遠方的白雲，心裡卻想著這些年來的遭遇，及這次相當突兀的任務，私運軍火到別國去支持一個反動團體，原不是他這個老百姓該去做的事，但是國家卻將這個重任交到自己手中，而他接下這個任務的原因，金錢固然是一個重要的因素，因為公司需要那筆錢來發薪水，但是另一個主要的原因就是支持國家的政策！他不一定了解那個政策背後的緣由，但是他卻寧願去相信政府對事情的判斷。

起飛十二個鐘頭之後，飛機進入馬來西亞領空，陳文寬並沒有呼叫任何電台，地面似乎對這不速之客也沒多大興趣，或是他們根本不知道有人闖入了他們的領空。陳文寬檢查了一下飛機的位置及時間，發現大概是因為碰到順風的關係，他們比預定時間早到了半個

鐘頭左右，這問題應該不大，因為到達空投區後，飛機低飛所發出的聲音就會引起那些在地面等待的人的注意。

飛機橫跨馬來西亞半島之後，印尼的杜邁就在二十多分鐘的海峽對面，陳文寬開始降低高度，對著那個小島飛去，同時並請空勤機械員及通訊員開始到後艙去做準備。

這項空投任務最麻煩的地方就是將後艙的艙門打開，PBY的艙門設計是向上開啟的，不可以在飛行中將它打開，為了這次的空投，復興的技工特別設計了一個滑輪，可以由機艙內將艙門用鉸鍊及滑輪將艙門慢慢的向上打開，並在開啟後將它鎖好。因為飛行時的風速過大，在預備開艙門時，飛機必須向左轉彎，這樣才可以用機身來擋住強風，順利的將艙門開啟鎖定。

飛機在當地時間清晨三點四十五分抵達杜邁，陳文寬在低空通過目的地的時候，將油門收放了幾次，希望發出的噪音能引起地面接收人員的注意。而那些木箱因為非常沈重，所以必須由兩個人抬著，才能從那艙門丟出，這樣每通過一次空投區只能投下一個木箱，十個木箱就必須通過十次，是個相當麻煩與費時的過程。

當通過那個目標區後，陳文寬向左轉爬高，也是那時他可以由駕駛艙的窗戶向外看，以確定降落傘是否成功的開啟，在第四次通過之後，他並沒有見到任何新的降落傘在飛機後方，他認為可能是降落傘沒開，但是在第五次通過之後仍然沒有降落傘的跡象時，他開始覺得大概後艙有問題了，於是他請副駕駛孫明遠到後艙去看看。

孫明遠很快的由後艙回來向他報告，原來有一個木箱在艙口被卡住了，推不出去，也拉不回來。因為人只能站在機艙裡面用力，所以根本使不上勁，如果能在外面稍微扳一下，就可以讓那木箱掉出機身之外，但是偏偏人根本不可能站出去。

陳文寬聽了之後，覺得如果需要在外面用一點力的話，說不定他可以讓風來幫個忙，於是他告訴孫明遠，他下次通過時會將飛機向右轉，這樣就可以讓風直接吹到木箱，而那時機艙裡的三個人必須在飛機向右轉的同時用力將木箱向外推，這樣說不定會讓木箱飛出機外。

孫明遠聽了覺得可以試試，於是他再回到後艙，預備在下一次通過時可以助上一臂之力。而陳文寬在那次通過時，也是很猛的蹬了下右舵，希望那增加的離心力可以幫上一點忙。

那次通過之後，孫明遠興奮的由後艙回來告訴他，那個木箱已順利的被甩出機艙！其餘的幾個木箱隨後都很順利的投下，等到最後一個木箱丟下去的時候，時針已接近五點了。陳文寬調轉機頭，將航向設為 030，對準西貢飛去。

在飛往西貢的途中，因為長程油箱裡的油已經用罄，所以空勤機械員在通訊員的協助下，將那個長程油箱拆下，並在那個油箱上打了許多洞，然後將那個油箱在南中國海上空丟下。

這也是當初計畫中的一環，因為要讓西貢的官方相信，他們的確是由太平島前來西貢加油，飛機上就不可能有長程油箱，要不然稍微懂飛機或飛行的人就會覺得奇怪，既然有長程油箱，那麼為什麼在離開台灣時不將它加滿油？那樣不就可以免去轉到西貢來的麻煩。

那架藍天鵝在早上九點多在西貢落地，包飛機的王先生及他的朋友蘇先生都在西貢歡迎他們的到來，王先生在陳文寬下機之後，迫不及待的告訴他，印尼方面已有電報前來，報告所有十箱貨品均已完全收到。為此大家高高興興的前往西貢堤岸的一家廣式茶樓，吃了一個輕鬆愉快的早餐。

那個讓他們緊張，並計畫了半天的假航行計畫並未用上，越南官方並未多問，他們將飛機加滿油後順利的在當天下午飛回台灣，完成了復興航空唯一的一趟空投任務。

第十七章　支援空軍——搶救墜海飛行員

政府撤退到台灣之後，台灣海峽成為了天然的屏障，將共產黨成功的擋在海峽彼端。一九五〇年韓戰爆發後，美軍第七艦隊開始巡邏台灣海峽，美軍顧問團在台北成立，就更給了國民政府一個喘息的機會。

軍援的物資也在那時開始抵達台灣，利用那些軍援的飛機，空軍開始執行有規律的海峽巡邏，以及對大陸沿海的城鎮進行偵巡。

一九五四年十二月七日，空軍三大隊的四架P-47戰鬥機在廣東沿海執行近海偵巡時，長機黃翔春少校的飛機發生嚴重故障，發動機不斷的放砲，馬力逐漸消失，飛機無法維持高度。眼看飛機不但無法返回台灣本島，就連澎湖都無法飛到，於是黃翔春預備在海上迫降。伴隨的僚機除了將迫降地點及當時的狀況以無線電回報之外，並要求救護機或是軍艦儘快前往施救，因為迫降的地點是在東山島及南澳島之間的海域，距離大陸海岸非常近，如果不能在短時間將黃翔春少校救回的話，共產黨的軍隊可能就會前來將他俘虜。

黃翔春的飛機在當天中午十二點十五分成功的迫降在海面，在飛機機腹撞擊海面的時候，他的額頭撞到了儀錶板，幸好那只是皮肉之傷，除了流血之外，並沒有大礙。黃翔春爬出座艙之後，站在機翼上向天空的僚機揮了揮手，表示他一切安好，就在那時飛機開始逐漸下沉，於是他將救生背心充氣，跳進了冰冷的台灣海峽。

聯合作戰中心（JOC）在接到搜救的請求時，發現距離當地最近的一艘軍艦是在一百餘浬之外，最快也要六個小時才能趕到現場，而那時因為是冬季，晝短夜長的關係，五點以前太陽就已降到海平面以下，所以軍艦不可能在日落之前抵達墜機現場，必須靠水上飛機才能將黃翔春少校營救出險。

空軍救護隊的 PBY 水上飛機在接到命令之後，於半個鐘頭之內就由嘉義起飛出發。但是當那架水上飛機於兩點半左右飛抵現場時，卻發現海面有浪，這種情況下水上飛機不敢貿然在海上降落，怕造成更嚴重的後果。他只能在低空飛過時將一艘救生皮筏投下，裡面有禦寒衣物及飲水，這樣至少黃少校可以有衣物禦寒。

水上飛機無法在海上降落的消息很快的傳回到了在台北的空軍總司令部，空軍總司令那時是王叔銘將軍，他在聽到這個消息後，第一個想到的就是他的好朋友陳文寬。於是他直接撥了個電話到復興航空公司去找陳文寬。

在電話裡他簡單的將事情向陳文寬述說了一遍，並希望陳文寬能「立刻」出動，因為所剩下的時間已經不多了，太陽將在三個小時之後下山！

陳文寬在電話裡想問清楚黃翔春當時的確實墜海地點，而王叔銘手邊也沒有準確資料，他只說是位在汕頭外海的南澳島附近。對於陳文寬來說，有了汕頭這個大目標之後，他就可以出發了，真正詳細的資料可以在出發後用無線電確認。

汕頭對於陳文寬來說並不陌生，因為當年在中國航空公司任職時，由上海飛香港的航線上，汕頭就是一個中點站，十多年前他經常在那裡降落。

因為迫降的地點距大陸沿海僅有三浬，所以共產黨的軍隊在發現有國民黨的飛機在距岸不遠的地方墜海，而飛行員就在海上漂浮待救，所以他們也很快的找來幾艘漁船，想出海將那位飛行員撈救回來。

在空中掩護的 P-47 見到有漁船出海之後，就開始俯衝下來對著那些漁船掃射，將漁船始終保持在距離黃翔春一定的距離之外。然而他們在俯衝的時候因為高度降低，就使地面的共軍有了機會用輕武器開始對那些飛機攻擊，那些步槍及機槍雖然影響不大，但是卻給了低飛的飛機一定程度的心理威脅。

南澳島距離台北直線距離是兩百五十海浬，以 PBY 的速度算來要兩個小時才能抵達，但是那天的東北風竟然幫了大忙，陳文寬於下午兩點鐘由松山起飛後，竟在四點之前就飛抵現場。在戰鬥機的引導之下，陳文寬很快的就發現了在海上漂浮著的黃翔春。

藍天鵝救回空軍飛行員後，在松山機場落地

陳文寬由空中觀測當時海面的情況，發現風浪其實並不大，與半年多前在東海營救美軍的那次相比，這次幾乎可以說是風平浪靜，他反倒覺得地面的砲火對他的威脅較大，於是他請求戰鬥機向那些對空砲火進行鎮壓。空中的戰鬥機在聽到陳文寬的請求之後，開始俯衝對著那些地面的共軍進行掃射，兩個派司之後，那些砲火就寂靜了下來。

陳文寬在砲火停了之後，就對著黃翔春的位置開始降落，因為風浪不大，陳文寬在水上降落之後，黃翔春幾乎就在他機頭左邊不遠的地方，他很輕鬆的將飛機滑到黃翔春的附近，後艙的人隨即順勢將黃少校拖進機艙。

知道後艙已經將人救到之後，陳文寬

由左至右，空軍飛行員黃翔春，陳文寬，空軍總司令王叔銘

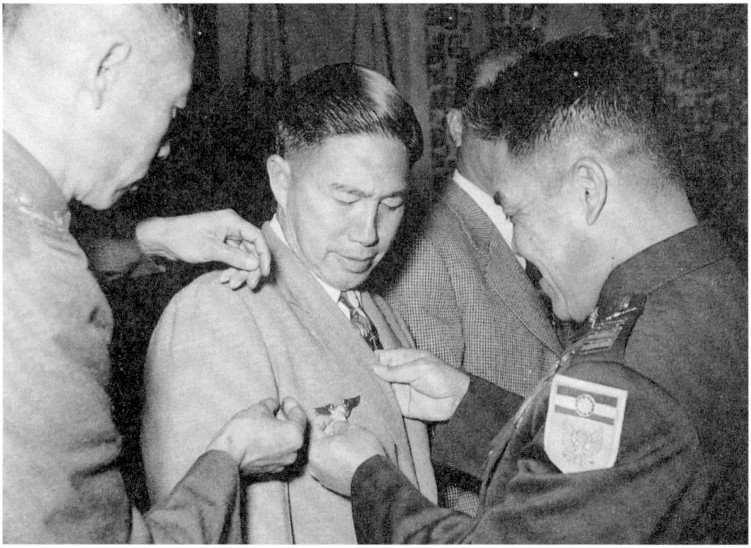

空軍總司令王叔銘為陳文寬贈勳

將飛機油門推滿，很快的那架飛機就又由海面上起飛，這次在海面停留的時間只有區區十幾分鐘，在陳文寬看來這次的任務要比一般的演習還要順暢！陳文寬在當天晚上六點半左右回到松山機場，空軍總司令王叔銘親自前往機場迎接，大批的新聞記者也聞訊趕往機場去採訪這則消息。

當時空軍似乎不想讓這個新聞像上一次海上營救那樣被廣大的報導，因為自己的水上飛機抵達現場卻無法在海上降落，竟要商請民航公司的水上飛機前去救人，這使空軍的顏面似乎有些掛不住，因此空軍刻意的將此事低調處理。

雖然空軍沒有特別的去宣揚這件事，但是國防部還是頒發了一枚六等雲麾勳章給陳文寬，並頒發獎金兩萬元，同機的副駕駛則獲頒陸甲二等獎章，飛航通信員羅昭明、飛航機械員嚴惠群獲頒陸乙獎章。

陳文寬在得到勳章及獎金之後，先是將兩萬元的獎金轉贈給空軍當勞軍之用。另外他私下找了個機會與王叔銘見面，表示空軍救護隊飛行員的水上起落能力實在有待加強，那天在南澳島附近的狀況其實是個近乎完美的水上降落環境，但是空軍那架 PBY 水上飛機的飛行員卻無法在那個環境下降落，這實在是個令人擔憂的情況。陳文寬向王叔銘表示，既然空軍的水上飛機與復興的水上飛機是同一類型，他願意無條件的將水上起落的秘訣傳授給救護隊的飛行員。在陳文寬如此的建議之下，王叔銘總司令就下令救護隊派出四名飛行員，到台北的復興航空公司，向陳文寬學習水上起落的技巧。

陳文寬就帶著那四名飛行員，用空軍的那架水上飛機在東港的大鵬灣內開始基本的水上起落練習，等到他覺得那四位都能在風平浪靜的大鵬灣裡起落之後，他再帶著他們到澎湖附近的海域去做真正有海浪情況下的海上起落。

當時被訓練的一位空軍救護隊的飛行員鄭廣華教官在六十多年後回憶，陳文寬的個子不高，但是力道卻很足，在海浪洶湧的狀況下，他竟能用一隻手控制油門，另一隻手就能

PBY 在澎湖海面

將駕駛盤穩住，並將飛機由海面上拉起。

陳文寬事後覺得那些空軍飛行員的領悟力都相當的高，在帶著做了幾個練習之後他們就可以自己在有海浪的海面上起落了。

第十八章　晴天霹靂——砲彈擊中藍天鵝

外島包機雖然有利可圖，但其實是個風險很大的生意，因中共的軍隊就在咫尺之外！一九五五年六月二十七日上午，空軍兩架 RT-33 型的偵察機在執行對馬祖北邊沙埕灣的偵照任務時，被四架中共的米格十五型戰鬥機攻擊，RT-33 的僚機佘錦澤中尉當場被擊落陣亡，長機鄒寶書中尉與敵機纏鬥十餘分鐘後脫險，返回台灣桃園機場落地。

就在那兩架空軍的偵察機與共軍的米格十五在纏鬥的時候，復興航空公司的一架 PBY 水上飛機正由台北向馬祖飛去。那架飛機的正駕駛是陳國明，副駕駛是陳蔚文，他們那架飛機是被美軍包下來，帶著一位美軍醫官及兩位軍官前往馬祖，去替兩位在那邊生病的美軍軍官看病。

在那架水上飛機即將進入馬祖海域時，飛機突然在一陣炮擊聲中開始劇烈抖動，正駕駛陳國明抬頭一看，正好看見兩架中共的噴射戰鬥機由他頭頂飛過，陳國明趕緊將飛機降低高度，並對著飛機正前方的一個小島——東莒島飛去。

那兩架米格十五爬高之後，並沒有轉回來做第二輪的攻擊，但是陳國明卻不願繼續飛往馬祖，他寧願在眼前那個小島迫降，因為至少那是在島上，而不是在大海中。

陳國明在降落前檢查飛機，發現飛機左翼中彈，左翼尖的浮筒在放下來之後，上面兩個橘子般大小的彈孔清晰可見。他知道如果那個浮筒在碰到海水之後，必定進水，一旦浮筒浸水，那架飛機左翼就一定會下沉，如果下沉的話，應在短期內是無法修復的，因為那裡根本沒有工具及場所可以讓飛機浮起及更換浮筒。所以陳國明知道在降落的過程中，左翼是絕對不可以碰到海面的！

於是陳國明在對著東莒島飛去時，特別找了島上燈塔旁的海灘做為降落的地點，他以比平常要高的速度在那個沙灘旁的海面上落水，飛機在落水之後，他仍然沒有將油門收回，希望能像騎腳踏車一樣來保持飛機的平衡，盡量不要讓左邊的浮筒碰到海面，最後飛機在靠近海灘時，他將油門關掉，並將飛機向右壓去，結果飛機的右邊浮筒就靠在沙灘上停了下來，左邊破損的浮筒就高高的翹在那裡。

在當時的情況下，那架飛機是不可能在當地進行維修，必須回到台北之後才可能修復。而且在那種狀況下起飛是有相當的風險，除了飛機左浮筒的破損之外，還要顧慮到回飛的過程中會不會再受到中共的攻擊。

陳文寬在得到那架飛機受到攻擊的消息後，第一個關心的就是飛機上有沒有傷亡，在知道所有人員均安之後，他發電報給陳國明，請他在日落之前，由當地起飛回台灣，他會

商請空軍派飛機在空中擔任護航。

那架飛機在當天晚上八點左右安全的回到台北，驚魂未定的陳國明在下飛機見到陳文寬之後，立刻向他口頭請辭，他沒想到擔任民航機飛行員竟也會有被戰鬥機攻擊的情況。陳文寬當時沒說什麼，只是請他先休息幾天，其他的事過幾天再談。

當天晚上復興的維修技工將那個破損的浮筒拆下，換上一個備份的。第二天清晨四點半，陳文寬親自駕著那架剛修復的飛機，飛往馬祖。在日出之前起飛的原因是希望用夜色做掩護，這樣飛抵馬祖時正好是黎明時分，他在早上九點回到台北，將那兩位生病的美軍載回台北就醫。

第十九章　反蘇卡諾──支援印尼革命軍

二次世界大戰之後，美蘇之間的冷戰逐漸浮現檯面，麥卡錫主義的橫行，更讓美國由反共而變成整個國家的恐共。在中國大陸赤化之後，為避免骨牌效應的呈現，美國國家安全會議在一九五三年即表示必須與其他友好國家採取適當行動，以避免共產黨對印尼的控制。

一九五六年印尼總統蘇卡諾訪問蘇聯、中共，並開始在國內將荷蘭及美國僑民的私人企業沒收，並將那些企業國有化。這些舉動促使了美國中央情報局在國家安全會議的示意下，開始採取直接顛覆行動，希望能將蘇卡諾政權推翻。

一九五八年初，印尼蘇門答臘（Sumatra）及蘇拉威西（Sulawesi）爆發反蘇卡諾的革命，並在一九五八年二月於蘇門答臘的巴東（Badang）成立革命政府。美國中央情報局在印尼的反動活動開始之後，立刻積極的在暗中支持反動人士，除了支援經費之外，更提供武器及兵員的訓練。當時印尼革命軍的訓練就在附近的菲律賓秘密進行。

當時較為困難的是：如何將武器送進印尼？美軍當然有足夠的空中運輸能力來支援革命行動，但是為避免美國政府公開介入他國內政的事實在國際間公開，所以美國就必須在那個地區找個代理人，來執行他的意願。而中華民國政府的強烈反共意識，及空軍與民航人員的專業，就成為美國當時在亞洲從事反共戰爭代理人的最佳人選。

美國當時是希望中華民國的空軍能直接的介入支持印尼革命，但是中華民國政府也如美國一樣不願公開介入他國的內政，於是那個由空中直接運送武器到印尼的任務，就再度到了復興航空公司的手上，因為早在一九五四年時，復興航空公司就曾經在政府的示意下，空投了一批武器給印尼的地下反動組織。

一九五八年一月間，復興航空公司接到政府命令，與印尼革命軍開始接觸，對方與復興聯絡的是一位陶姓華僑，當時那位華僑表示急需將一批輕型武器送到蘇拉威西的萬雅佬（Manado）給當地的革命軍，希望復興航空能儘快行動。為了取信於復興航空公司，那位陶先生還立刻電匯了七十五萬美金進入復興的戶頭，做為日後所有空運行動之費用。

陳文寬在得知那筆款項已經進入復興的帳戶之後，決定在次日就開始第一次的空運行動。

這次行動與一九五四年印尼空投任務最大的不同處，就是這次飛機可以在那裡落地加油，這樣除了省去加裝長程油箱的麻煩，更可使飛機的載貨量增加。但是為了節省時間及燃料，飛機必須通過菲律賓南部幾個小島的上空，所以陳文寬就決定在晚上六點由台北起飛，像往常一樣先到台南加油，然後在晚上八點由台南出發，這樣經過菲律賓西部外海，及通過菲律賓南部小島上空時都是在夜裡，雖然菲律賓空軍在白天或夜裡都可以藉由雷達來發現這位不速之客，但是，如果菲律賓政府真打算攔截的話，夜間攔截會增加許多困難。

因為這項空運行動會持續一陣子，所以陳文寬決定在第一次行動時，請孫明遠及練振綱兩人同行，並輪流充當副駕駛，這樣有了經驗之後，在日後的行動中他們兩人就可以上陣擔當正駕駛的職務。

由台南到萬雅佬的航程是一千六百海浬，領航重任就落在陳文寬的肩上，他利用六分儀來觀測夜空中的星星以判斷飛機的位置。而練振綱則用 ADF 無線電來接收菲律賓一些廣播電台的電波，再根據各個電台電波的角度來決定飛機的位置。一路上兩人互相比較所判讀出來的飛機位置，也打發了一些航行上的無聊時間。根據陳文寬所蒐集有關萬雅佬飛機場的資料，那裡沒有塔台，只有一個電台，但是因為電台的功率不大，只有在機場附近三十浬左右才收得到訊號，如果偏航超過三十浬就很可能收不到了，所以越靠近目標，陳文寬就越仔細的去精算當時飛機的位置。可是等到都可以目視蘇拉威西時，卻仍然收不到電台的訊號，陳文寬只有繼續往前飛，幾分鐘後，飛機在空臨蘇拉威西之後，站在陳文寬及孫明遠兩人後面的練振綱才根據地圖找到了萬雅佬的機場。

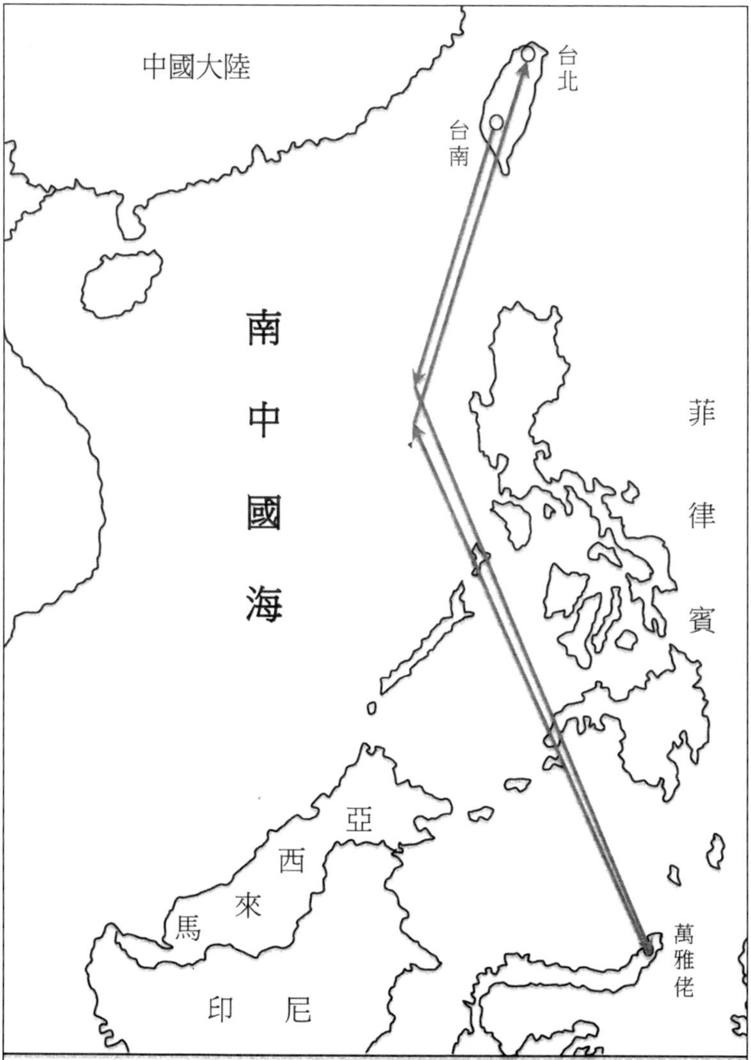

PBY 空運印尼萬雅佬航線

由台灣前往萬雅佬之航線

飛到機場上空之後，陳文寬又發現跑道上竟然放著許多障礙物，根本無法落地！而那裡又沒有塔台，無法與地面聯絡請他們將障礙物移開。

陳文寬將飛機在機場上空低空飛過了幾遍，都無法引起地面的注意。於是他決定先在附近的海灣降落，然後再做打算。

他們在海上降落之後，引起了岸邊一群人的注意，不久之後就由岸上來了一艘小艇，艇上的人也是革命組織裡的成員，陳文寬將飛機場跑道上有障礙物的狀況向那人反應，那人聽了之後，匆匆的趕了回去，並表示會儘快的將那些障礙物移開。

在等候的時候，陳文寬發現在岸邊有兩個大的汽油儲油池，目標非常明顯，他不知道那個油池是空的還是真有汽油在裡面，不過當時他就覺得如果印尼的政府軍攻到那裡時，那兩個大油池將會是主要目標。

一個多小時之後，岸邊的小艇再度回到飛機旁邊，告訴陳文寬機場跑道已經清除完畢，可以前去落地了，並自願登上飛機擔任嚮導。

等到飛機再度飛到機場上空時，陳文寬發現不但障礙物已經清除，就連運貨的卡車也已在一旁待命了。

飛機落地之後，革命組織的人立刻登上飛機開始卸貨，陳文寬則去找當地負責的人來

安排飛機加油的事。那人來了之後表示油車很快就到，於是陳文寬就與其他幾位組員坐到一旁去休息。

幾分鐘後，油車來了。陳文寬一見真是嚇了一跳，因為那是「油」車沒錯，只是並不是他印象中的油車，因為那只是一輛平板卡車，上面裝滿了五十三加崙的桶裝汽油。陳文寬過去問那位油車的駕駛將如何加油？因為飛機上並沒有攜帶加油幫浦。

油車司機聽了也傻了眼，因為他連手搖幫浦都沒有！結果他們幾位只有利用最原始的方法，將汽油先倒進一個五加崙的小桶，再傳給站在機翼上的人，用漏斗將油慢慢倒進機翼的油箱。這樣經過了四個多小時之後，才將整架飛機的幾個油箱全部加滿。

因為回程也要通過菲律賓南部的小島上空，所以就有與來時同樣的顧忌，他們必須在暗夜中通過那些島嶼。但是這個計畫在萬雅佬當地就有問題，因為他們所處的那個機場並沒有滑行燈及跑道燈等的夜航裝備。

於是陳文寬決定先將飛機滑到跑道頭中線，然後繼續下機休息。等到日落的時候，請人在跑道盡頭的左右角各放一輛汽車，將汽車的車頭燈打開，他就對著那兩個車頭燈的中間起飛。

回程時因為飛機輕，速度就比去程要快一些，他們在第二天清晨回到台北松山落地。

第一次空運任務完成之後，雙方對整個過程及結果都很滿意，因此決定儘快的進行後續的空運。

陳文寬覺得既然 PBY 水上飛機的裝貨量有限，那麼不如下一趟空運時就利用那架向空軍租來的 C-46，那架飛機不但比 PBY 要快，載貨量更是超過 PBY 一倍還多。唯一缺點就是如果遇到和上一次同樣的情形，在機場無法落地時，C-46 將無法在海面上降落。

經過考慮，陳文寬想出了一個辦法，那就是同時出動 C-46 及 PBY 兩架飛機，由 PBY 打前鋒，C-46 殿後並晚三小時出發，PBY 抵達萬雅佬時，如果發現機場無法落地，那麼 PBY 必須立刻以無線電通知後面的 C-46，C-46 在接到訊息之後，可以即刻轉回台灣，而 PBY 則可以像上次一樣在海灣中降落。

一個星期之後，在第二次出勤時，陳文寬請孫明遠飛第一架 PBY，他本人則駕 C-46 殿後出發。結果那次一切正常，在 PBY 抵達之前，跑道已清除乾淨，PBY 在機場正常落地，而這一次有了上一次的經驗，飛機上帶了加油的幫浦，使加油的過程要比上次順利得多。

從那時起，復興就維持著每一個星期一個架次的空運來補給印尼的革命組織。雖然 C-46 可以裝的貨較多，但是因為 C-46 主要是用來擔任每天的班機勤務，所以絕大部分的時間還是用 PBY 來擔任印尼運補的任務。

印尼方面也覺得每次 PBY 載貨量太少，所以他們主動的詢問陳文寬，是否可以建議幾種裝載較多貨物的其他機型。陳文寬當時不假思索的告訴他們，C-54-E 絕對是最適合他們需求的首選，因為那型飛機除了裝載量幾乎是 PBY 的四倍之外，航程也遠達四千餘浬，可以由台灣飛萬雅佬來回，而不需在當地加油，再說那種飛機是二次大戰的產物，在戰後有許多該型機進入二手機市場，所以價錢不貴。

印尼革命組織聽了陳文寬的建議，立刻開始行動，他們經由美國方面支持革命組織的團體協助，很快的就找到了一架 C-54，那原是一家包機公司的飛機，最近因為公司經濟出了狀況，需要現金周轉，於是急著將旗下的一架 C-54 賣掉，印尼方面在知道消息之後，立刻就請復興航空公司由原先的那七十五萬美金款項裡先付出二十萬美金的訂金。

印尼方面希望陳文寬能即時啟程前往美國，去檢查那架飛機，如果陳文寬覺得飛機情況還好的話，那麼就請他將尾款付清，並將那架飛機飛回台灣。

當年三月底，陳文寬在替印尼方面付出二十萬訂金之後的第三天，隻身飛往美國，去檢視那架飛機。

當時印尼方面並沒有很清楚的將購買飛機的作業情形告訴陳文寬，只是告訴他，在他到達舊金山後，會有一位費雪先生在飛機場接他，並帶他前去檢視那架飛機，另外還告訴他，賣主表示飛機機翼內的一個油箱有漏油跡象，所以將會在交機之前，請洛杉磯的飛虎航空公司維修部門更換油箱。

根據這些消息，陳文寬以為那架飛機就在洛杉磯，或是距離洛杉磯不遠的地方。沒想到，當他在舊金山下機，見到那位費雪先生後，他才曉得原來那架飛機是在美國東岸的紐澤西州！

既然飛機是在紐澤西，陳文寬就以為他們將改搭直飛紐約的飛機，然而費雪先生卻給了他一張舊金山到洛杉磯的機票，這下他又迷糊了，費雪先生看著他狐疑的表情，沒等他問，就直接告訴他，因為那架飛機的用途比較敏感，因此為了避免一些「有心人士」對這件事的注意，他們故意不走直接的路。

這使陳文寬有些不解，購買飛機並不是秘密進行的買賣，而且飛機在回台灣之前，還必須到飛虎航空公司去維修，維修的日期也已預定，那麼，他們以這種迂迴曲折的方式前去檢視飛機，是否真能掩人耳目？

到了洛杉磯之後，陳文寬本來想去機場附近的百貨公司買一件厚一點的外套，因為他一直以為那架 C-54 是在四季如春的加州，所以沒有帶任何禦寒的衣物。然而因為時間已晚，機場附近的店家都已打烊，所以陳文寬就只有穿著春季的西裝，飛向仍然是大雪冰封

的紐約。

第二天清晨，當他們所搭乘的那架飛機抵達紐約時，機長向乘客廣播，宣布因為紐約正在下大雪，能見度相當不好，所以他們必須在機場上空盤旋待命，等天候轉好才能落地。聽了機長的廣播之後，陳文寬由窗口往外望，只見翼下的紐約已是白茫茫的一片，這使他想起當年他在迪化時，也是一樣下著大雪，他們必須用棉被將發動機蓋住，然後在發動機下面點著煤油爐，讓發動機暖了之後，再將預熱過的機油加入發動機內，然後才能試著將發動機啟動，如今他看著漫天大雪的紐約，他不禁想到在中國西北是不是還在用那種原始的土法去啟動發動機呢？

飛機終於在待命了兩個多小時之後落地，飛機落地之後，陳文寬才知道當時的能見度有多差，他由窗戶向外看，完全是白茫茫的一片，飛機滑進停機坪之後，他還看不到機場航廈，他真是佩服那位機長能將飛機在這種天氣下安全降落。

他們下飛機之後，租了一輛凱迪拉克轎車，開往位於紐澤西州最東南角的梅角（Cape May），因為那架 C-54 飛機就停在梅角機場。那時紐澤西州的花園州公路（Garden State Parkway）剛剛竣工，所以非常平穩，只是因為大雪的關係，車速始終無法超過四十哩，而絕大部分的旅途中，整個公路上只有他們那一輛車。

在前往梅角的途中，費雪先生向陳文寬表示那家 US Overseas Airlines 是在二次大戰之後成立的，一開始時是專做國防部的包機生意，將滯留在歐洲戰場上的美軍運返回國，後來在韓戰期間這家公司更是有接不完的包機生意，在美國本土與日本之間的航線上賺了不少錢。然而在韓戰停火之後，這家公司因為無法找到一個新的經營管道，公司開始由贏轉虧，如今竟到了必須將飛機拍賣的地步。

由紐約機場到梅角只有一百五十餘哩，正常天氣下大約兩個半小時就可抵達，那天他們加上在路上午餐的時間，竟足足花了五個多小時才抵達目的地。

在車子進入機場時，陳文寬見到那家公司在機場入口處的招牌依然亮麗，他可以想像那家公司在幾年前的盛況，這種情形不就是和他所熟悉的中央航空公司有著許多相似之處嗎？

在機場的棚廠裡，陳文寬見到了代表賣方公司的一位職員，他懶洋洋的由暖氣十足的辦公室出來，在冰冷的棚廠裡指著兩架 C-54 其中的一架，表示那就是復興航空公司要買的一架，然後他就請陳文寬及費雪自己在飛機內外隨意檢視，他會在辦公室裡將飛機的日誌準備好。

陳文寬因為穿著相當單薄的春季服裝，在那溫度低到幾近攝氏零度的棚廠裡，凍的直打哆嗦，他簡單的將飛機後艙的情況看了一下，發現那家公司已將所有客椅拆除，這使陳文寬相當驚訝，大概那家公司在知道復興是預備用那架飛機來載貨之後，就將所有客椅拆下，另尋買主了。不過陳文寬覺得這樣其實替復興省了不少麻煩。

在辦公室裡，陳文寬仔細的將飛機的日誌看了一遍，他唯一覺得不放心的就是其中一具發動機的時數太高，已經到了要進廠大修的時候。那位職員在聽了陳文寬的話之後，拿起電話打給公司負責這件事的主管，將陳文寬的意見反應上去。

那位主管倒是非常爽快，在電話中就直接表示，那架飛機飛到洛杉磯的飛虎航空公司去更換其中一個油箱時，賣方會請飛虎的維修部門將一具已經大修過的發動機換上。

在得到賣方如此爽快的允諾之後，於是陳文寬就將那項更換發動機的事宜加註在買賣契約上，並當場簽字。

那架飛機的交易在陳文寬簽字之後，就算完成。賣方公司表示在第二天早上，就會派人將那架飛機飛往洛杉磯，交給飛虎航空公司去更換油箱及一具發動機。

買飛機的步驟雖然已經完成，然而陳文寬的事並沒有結束，因為他還必須拿著飛機的交易文件到華盛頓去辦飛機出口許可證書。而費雪先生將在第二天搭那架 C-54 回洛杉磯，他將所租的車子鑰匙交給陳文寬，請他在用完之後還給租車公司，陳文寬問他是還到租車公司哪裡的辦公室？費雪吹著口哨搖了搖頭，並說：「隨便吧，我無所謂！」陳文寬看著他高興的背影，搖了搖頭。他知道費雪在這場交易中可以拿到一筆相當優渥的佣金，那是一筆足夠買二十部全新凱迪拉克轎車的錢了！

陳文寬拿了飛機買賣文件之後，開車前往華盛頓，那時大雪雖然已經停了，但是路上積雪仍未完全清除，所以他又是開了近五個鐘頭才抵達華盛頓。

他在華盛頓外圍的一間旅館住下。在他進入房間還不到十分鐘，電話鈴響了，他原以為是櫃檯打來的，沒想到竟是以前一位名叫哈利的舊識，他以前曾在台北美國大使館任職，這實在令他非常驚訝，因為他並沒有預訂旅館，這家旅館是他在駕車經過時隨性挑選的一家。

「文寬，在這麼糟的天氣，開車到這裡應該很累的吧。」哈利說。

「哈利，是很累⋯⋯不過，你怎麼知道我今天在這裡？」陳文寬不得不問他，因為這實在太難理解了。

「文寬，從你在舊金山入境之後，我們就一直在注意你的行動。」

「我值得你們花那麼大的精神來注意嗎？」雖然這麼說，陳文寬不得不佩服美國政府的情報工作。他了解他在印尼所做的事，絕對是會被不同國家的情報單位所注意，費雪先生特別帶他經由洛杉磯再轉到紐約的額外工夫似乎是白費了。

「文寬，你當然了解我們為什麼要注意你的行蹤，不過這是好事，你了解我們不希望你有任何意外。」

那句話頓時證明了陳文寬心中一直有的一個疑問，美國中央情報局的確是在幕後控制這一切的行動。由那句話陳文寬更了解到，蘇卡諾政權也知道陳文寬到美國來買飛機的事，而美國中央情報局不希望見到蘇卡諾政權在美國境內對陳文寬採取任何極端的手段。

那天晚上，陳文寬看著窗外，周遭的一切在皎潔的明月下，都顯得那麼的平靜。但是，他知道在那平靜的背後，正有著一雙明亮的眼睛緊盯著他！

第二天上午，陳文寬先到華盛頓市區內的美國國務院出口許可辦事處，他要先去取得辦理出口許可所需的表格。辦事員將表格給他之後，順便問他要出口什麼東西到哪一個國家，當他說出是要將一架飛機出口到台灣時，那位辦事員表示那種許可通常要等三到六個星期之久，希望他有心理準備。

陳文寬在填寫那些表格的時候，發現裡面有一項需要我國駐美大使館的簽章，於是他就立刻趕往大使館，希望在當天下班之前，能將那個表格上的簽章辦好。結果辦事員在收了那個表格及手續費之後，告訴他一個星期後再來取件。

他想著如果大使館要一個星期，美國國務院要六個星期，那麼他就必須要在美國停留幾近兩個月，那實在不是在他當初所規劃的行程之內，所以他就婉轉的向那位辦事員解釋整個事情的急迫性，希望他能幫忙。

但是那位辦事員卻不為所動，而且根本不再理會他。就在那時，陳文寬意外的發現國防部長俞大維正由辦公室裡出來，董顯光大使也緊跟著走了出來。陳文寬見到俞大維之後，立刻前去打招呼，俞部長見到陳文寬時也是相當驚訝，他們在大陸撤退之前，當俞大維擔任交通部長時就已相識，後來在大陳撤退時，俞部長又經常搭他的飛機前往那裡，兩人其實是相當的熟悉。

俞部長將陳文寬介紹給董顯光大使，同時並問他到大使館來有什麼事，陳文寬於是將購買飛機需要大使館簽章一事向俞大維報告，並希望俞部長能夠幫忙，讓那份表格的簽章能早日辦妥。俞大維很清楚復興航空公司為印尼革命組織運補之事，也了解購買飛機的急迫性，所以立刻轉身要求董大使協助。

董大使隨即請辦公室裡的一位專員出來，請他立即辦理那件事。結果那份表格上所需要的簽章竟在十五分鐘內就辦好了。

就在那位專員辦理簽章時，陳文寬有機會與俞大維聊了一下。原來俞部長是在前一年

的十一月來美國就醫，即將在四月初返回台灣，不過雖然他遠在國外，對國內的事卻瞭如指掌，所以他也知道陳文寬來美國買飛機的事。

拿到大使館的簽章之後，陳文寬再回到國務院的辦公室，將表格送上。在送上表格的同時，他也拜託國務院的辦事員，希望能儘快將出口許可辦妥，因為他的公司正在等著這架飛機參加營運。沒想到這位辦事員看了他所送上的表格，就問他是不是就是陳文寬本人，陳文寬回答說「是。」聽了陳文寬肯定的回答之後，那位辦事員立刻告訴他明天就可以來取件，看著陳文寬不敢相信的表情，那位辦事員笑著解釋，因為他們在當天上午已經收到上級的指示，如果收到陳文寬送進來的出口許可證申請書，務必在一天之內辦妥。

聽了那位辦事員的解釋之後，陳文寬了解這又是中央情報局在過問這件事了，要不然他不覺得會有任何人會指名要幫助他。

那天陳文寬回到旅館時，接到蔡克非由台灣打來的電話，蔡克非在電話中告訴他印尼的革命組織決定要再買一架B-26，所以請陳文寬再聯絡費雪先生，另外再找一架B-26。

B-26是一種輕轟炸機，唯一所能執行的任務，就是將炸彈投在敵人頭上。這與陳文寬以前所執行過的所有任務都不同，因為他不知道買了那種飛機之後，印尼的革命組織將會派什麼人來飛那種飛機？再說，會開飛機的人很多，但是會開飛機丟炸彈的人就不是那麼多了。

陳文寬在電話中問蔡克非，他知不知道買了 B-26 之後，印尼方面預備如何去運用那架飛機，因為復興航空公司裡將不會有人去飛那架飛機。

這種問題是無法在電話中去討論清楚的，在沒有交集的情況下，蔡克非就請陳文寬先去看看有沒有適合的 B-26，先不要購買，等蔡克非與印尼方面討論過之後，再做決定。

陳文寬掛掉台灣的長途電話之後，就又撥了一通電話去找費雪先生，結果費雪在電話中表示他也聽到這個風聲，而且他也在猶他州鹽湖城北邊的希爾空軍基地（Hill Air Force Base）找到了幾架 B-26，可以立刻帶陳文寬去看看。

於是，在取得那架 C-54 的出口許可後，陳文寬又回到了紐約，在那裡他搭上了前往鹽湖城的班機。

希爾空軍基地位於鹽湖城北邊二十哩左右，在那裡陳文寬見到了幾十架的 B-26 停在那裡待售，如果真要買的話，陳文寬覺得是可以挑出一架適合的。但是他還是覺得由復興去飛一架轟炸機實在不是很妥當。

費雪見到陳文寬只是看了看，並無購買之意時，有些失望，於是他想繼續說服陳文寬，希望能讓他改變心意。他向陳文寬表示拉斯維加斯就在鹽湖城的南邊，如果陳文寬有意思

在橙縣機場的 B-26，左一為陳文寬，右一為費雪先生

的話，他們可以到那裡去度個週末，然後再回洛杉磯。

陳文寬從來沒有去過拉斯維加斯，經他這麼一說，覺得到那裡去看看也好，於是兩人就由鹽湖城駕車南下，直奔賭城而去。

五十多年前的賭城與現在是不能相比的，陳文寬只見到幾家賭場零零散散的在一片沙漠之中，秀場的節目也不是很精彩，大廳中都是賭檯及吃角子老虎，整個室內被香菸及雪茄的煙味與煙霧瀰漫著。每家賭場都以免費的餐點來招攬客人，陳文寬在嚐了幾家餐點之後，發現有幾家牛排還真是烤的不錯，大概那些賭場還真是要靠這些免費的餐點來招引客源呢。

回到洛杉磯之後，陳文寬先去飛虎航空公司，查看那架 C-54 維修的進度，結果發現居然還沒開工，他去找負責人詢問後才知道原來還在待料，整架飛機預計要到四月底才能完全整修完畢。這實在讓陳文寬大吃一驚，因為他根本沒有打算在美國待那麼久。

託了所有可用的人情，但是仍然改變不了沒有零件維修的事實，所以即使極端的不悅，他還是得在美國多停留一段時間。

那段期間內，國內相繼傳來一些讓人摸不清狀況的消息，先是戴安國打電話來說印尼方面決定不要那架 C-54 了，陳文寬聽了實在是感到非常意外，因為買賣已經成交，現在那架飛機已是復興航空公司的資產了，他只有請戴安國將事實解釋給印尼方面。幾天之後，蔡克非又來電告訴他，印尼方面決定將那架飛機在美國賣掉，對於這個決定陳文寬並沒有任何意見，他只表示請印尼方面派人來賣飛機，因為他沒有這方面的經驗及人脈。沒想到幾天之後，他又接到蔡克非來電說印尼方面請他暫時不要處置那架 C-54，但是請他儘快去找一架 B-26。

費雪先生正好在那時來找他，告訴他就在洛杉磯的橙縣有一架很新的 B-26 要賣，他們當天就可以去看。陳文寬那時已經為這件事鬱悶了許多天，於是那天下午就隨著費雪前往橙縣機場去看那架飛機，同時散散心。

到了橙縣機場，陳文寬卻看到一架令他當初對航空產生興趣的飛機，那就是林白橫越大西洋的「聖路易精神號」！其實那並不是當初林白飛越大西洋的那架，而是在幾年前華納電影公司拍攝一部有關林白飛越大西洋的電影時所用的複製品。但是這架複製品卻是根據原來的藍圖所製造的，所以與本尊是一模一樣。

當陳文寬站在那架飛機前面，三十年前他在巴爾的摩的家中製作這架飛機模型的情景頓時又浮現在腦海之中，在這三十年間，雖然他也駕機飛越了大西洋，更橫渡了太平洋，但是這架飛機在他的心目中始終有著相當的份量！那天在離開之前，他摸了摸那平滑的螺

回到台灣之後的 B-26，機尾上的 B-1404 是民航局的註冊號碼

旋槳葉片，似乎將這些年來對這架飛機憧憬的心情，也撫平了些。

看過了那架飛機，鬱悶的心情似乎開朗了許多。再去看那架 B-26 時，心情就分外的輕鬆，他發現這一架飛機，因為是私人擁有，經常的在保養，所以狀況要比他在希爾空軍基地所看到的那些 B-26 都要好。那架飛機的主人是一個愛好航空的業餘飛行員，他向陳文寬表示他其實是非常喜歡那架飛機，只是每次飛行所費不貲，僅是汽油一小時就要兩百元，所以他想將它賣掉去換一架較為省油的飛機。

陳文寬回到旅館之後，打電話將那架 B-26 的狀況及一萬美金的要價回報給蔡克非，請他轉告印尼的革命組織。幾個鐘頭之後，陳文寬就接到回音，印尼方面要求立刻購買那架 B-26，並儘速將它與那架 C-54 飛回國內。

B-26 的購買手續在一天之內就辦妥了，陳文寬再將購買文件以快遞送到華盛頓，去申請出口許可證。

就在買下那架 B-26 的第二天早上，陳文寬在吃早餐時，報紙上的一則新聞引起了他的注意，美國中央情報局的一架 B-26 在支援印尼革命時，被印尼空軍擊落，飛行員艾倫・波普（Allen Pope）跳傘被俘。他看著那則新聞，突然了解為什麼印尼的革命組織急著要買 B-26 了。

那架 B-26 的出口許可證在很短的時間內就核發下來，而那架 C-54 也在那時完成維修，於是陳文寬透過費雪先生的介紹，雇用了幾位飛行員及通訊員，協助他在一九五八年五月中旬將那兩架飛機飛回台灣。

飛機回到台灣之後，在印尼方面的要求下，空軍將那架 B-26 上原已拆除的各項武器復原。在空軍重新裝備 B-26 的期間，衣復恩代表空軍與復興航空公司開了幾次會，他要求復興航空公司派出飛行員去飛那架 B-26，並執行對印尼政府軍的轟炸。陳文寬堅決不肯，他表示復興航空公司可以替國家做空運的任務，過去多少困難的運輸任務復興都沒有說不，但是轟炸任務不同，那可是需要有專門訓練的飛行員才可以去做的事，復興航空公司並沒有對飛行員做這方面的訓練！

陳文寬建議由空軍派出飛行員來做這一類的任務，反正那一架飛機上並沒有復興航空公司的標誌，不會影響到復興的商譽。

衣復恩實在無法反駁陳文寬的理由，於是他接受了陳文寬的建議，決定派空軍的飛行員來執行那一類的任務。

一九五八年六月下旬，那架 B-26 由衣復恩及空軍三十四中隊的飛行員張聞驛上尉飛到印尼革命軍的一個臨時基地，菲律賓南面的大威島（Tawi-Tawi）。他們從那裡執行了幾

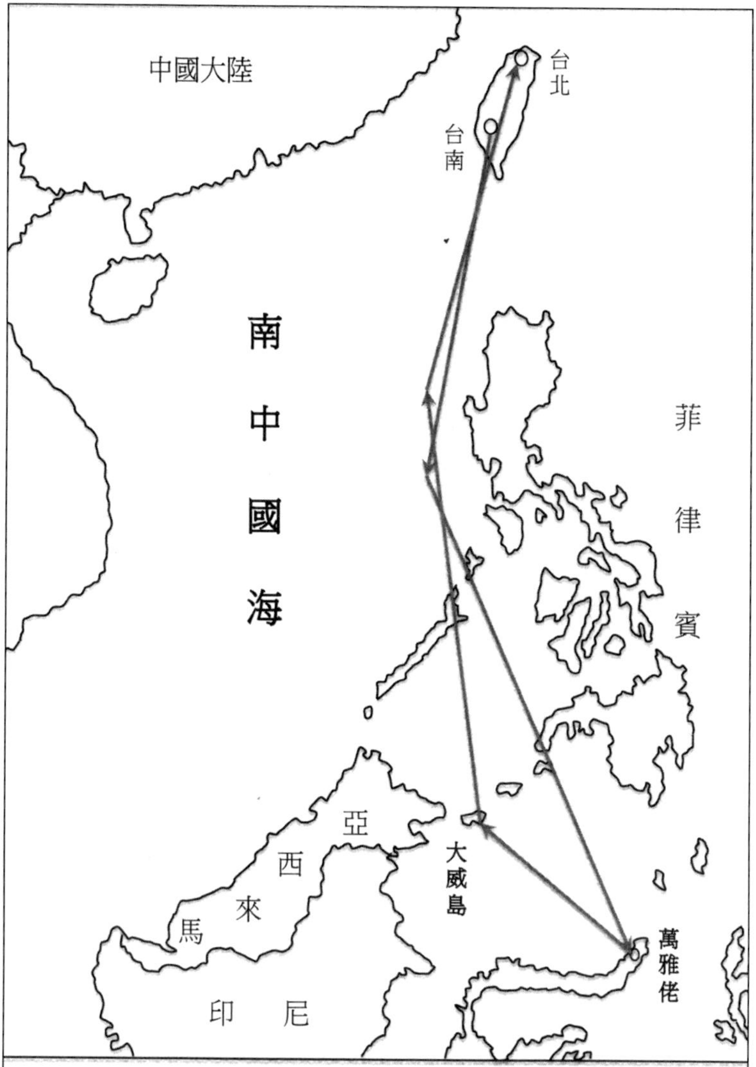

C-54 空運印尼萬雅佬航線（回程停大威島）

由台灣前往萬雅佬之航線，回程經大威島

次對印尼政府軍的轟炸任務。

幾天之後，陳文寬駕著那架新買回來的 C-54，裝滿了補給物資飛往萬雅佬，這型飛機的巡航速度幾乎要比 PBY 快上一百哩，所以七個多鐘頭就飛到了那裡。飛機落地之後，首先進入陳文寬眼簾的就是跑道盡頭的一架 PBY 殘骸，那架飛機是民航空運隊的飛機，在五月十三日被印尼空軍的 B-25 炸毀。這使得陳文寬警覺到印尼政府軍已經開始了反擊動作，他必須盡量減少飛機在當地停留的時間。

當印尼革命軍將飛機上的貨物卸下來之後，陳文寬決定立刻離開萬雅佬，前往大威島與衣復恩會合，因為那是在菲律賓的境內，印尼的政府軍不至於到那裡去攻擊他們。

那天復興航空公司還有另外一架 PBY 前往萬雅佬，因為速度較慢，所以當陳文寬要起飛的時候，那架 PBY 才剛抵達，於是陳文寬用無線電通知那架 PBY 的飛行員，請他在將貨物卸下之後，不要在萬雅佬多做停留，立刻前往大威島。

當天晚上，在大威島跑道旁的帳棚裡，陳文寬與衣復恩討論當前的局勢，陳文寬覺得革命組織的銳氣已不若幾個月之前，自從波普被擊落之後，革命組織更是無法繼續保證他們的安全，如果一架飛機在當地被擊落，那麼中華民國政府將會陷入一個相當麻煩的外交處境，所以他認為印尼空運的事，該適可而止了。

衣復恩聽了之後，相當不以為然，他說身為一個軍人不能因為有人被俘，就要退縮，為了防止印尼赤化，我們必須繼續援助當地的革命組織。

陳文寬站了起來，對著衣復恩說：「復恩，我們認識有一陣子了，你知道我是不怕危險，會盡力的將每一件事做好，但是我所冒的險都是經過相當的評估，如果我仔細，我小心，那麼就會有非常大的成功機會。我不怕危險，這並不表示我魯莽。今天印尼空軍用 P-51 將波普擊落，用 B-25 將民航隊的 PBY 炸毀在跑道上，這些都是我們無法控制的變數，如果印尼空軍將復興的一架飛機擊落，我請問你，政府會如何處理這件事？會如何處理被俘的人？依我看來，在那種情況下政府很可能會與復興劃清界線，表示那是復興航空公司的行動，與政府無關。那麼所有的責任都會落在我一個人的肩上。」

「那麼你的意思是……」

「我的意思是這將是復興最後一次的空運行動。」

「那麼這兩架飛機怎麼辦？這可是印尼人出錢買的。」衣復恩問。

「印尼方面還欠復興錢哪，他們先放了七十五萬美金在復興的帳戶裡，後來他們又取走了二十五萬，所以他們總共只在我們這裡放了五十萬，買那架 C-54 及 B-26 加上備用零件就用了超過四十萬元，我們這幾個月一共飛了多少趟空運？我回去後會請會計部門將帳結算一下，然後會和印尼方面仔細算清。」陳文寬說完就離開了帳棚，他當晚睡在C-54上。

第二天早上，陳文寬睡醒在晨跑的時候，他發現跑道的兩旁放滿了各式各樣的裝備及武器，看來美國中央情報局可真是花了不少金錢及工夫來支援這個革命！

早餐的時候，衣復恩刻意的去和陳文寬聊些往事，想緩和一下前一晚的氣氛。而陳文寬也就順勢開了許多玩笑。外人絕對不會知道這兩人在前一天晚上曾經有過激烈的爭執。

早餐之後，陳文寬向衣復恩表示他將飛那架 PBY 回台灣，C-54 就請衣復恩費心將它飛回台灣吧。在往回飛的路上，陳文寬想著他與衣復恩前一天晚上的對話。他知道衣復恩必須站在政府的立場來說那些話，而他也必須讓衣復恩知道，他對復興的員工有責任，他不能將那些員工推向一個他無法控制的環境裡。

衣復恩回來之後，沒有將那架 C-54 停到復興的停機坪，反而是停到空軍的停機坪那邊，陳文寬看了並沒有說什麼，其實那是在他意料中的事。那天晚上在大威島衣復恩說了那句話之後，他就知道衣復恩的意思了，所以他故意的請衣復恩將那架飛機飛回台北。因為他也了解如果自己不將飛機交出來，等官方找個理由來查封沒收，那就難看了。

果然不出所料，幾個星期後，復興航空公司接到一張由國防部情報局來的公文，說明那架 C-54 將由空軍總部接收，至於印尼方面所欠的款項，「本局可擔保陶君（註三）負

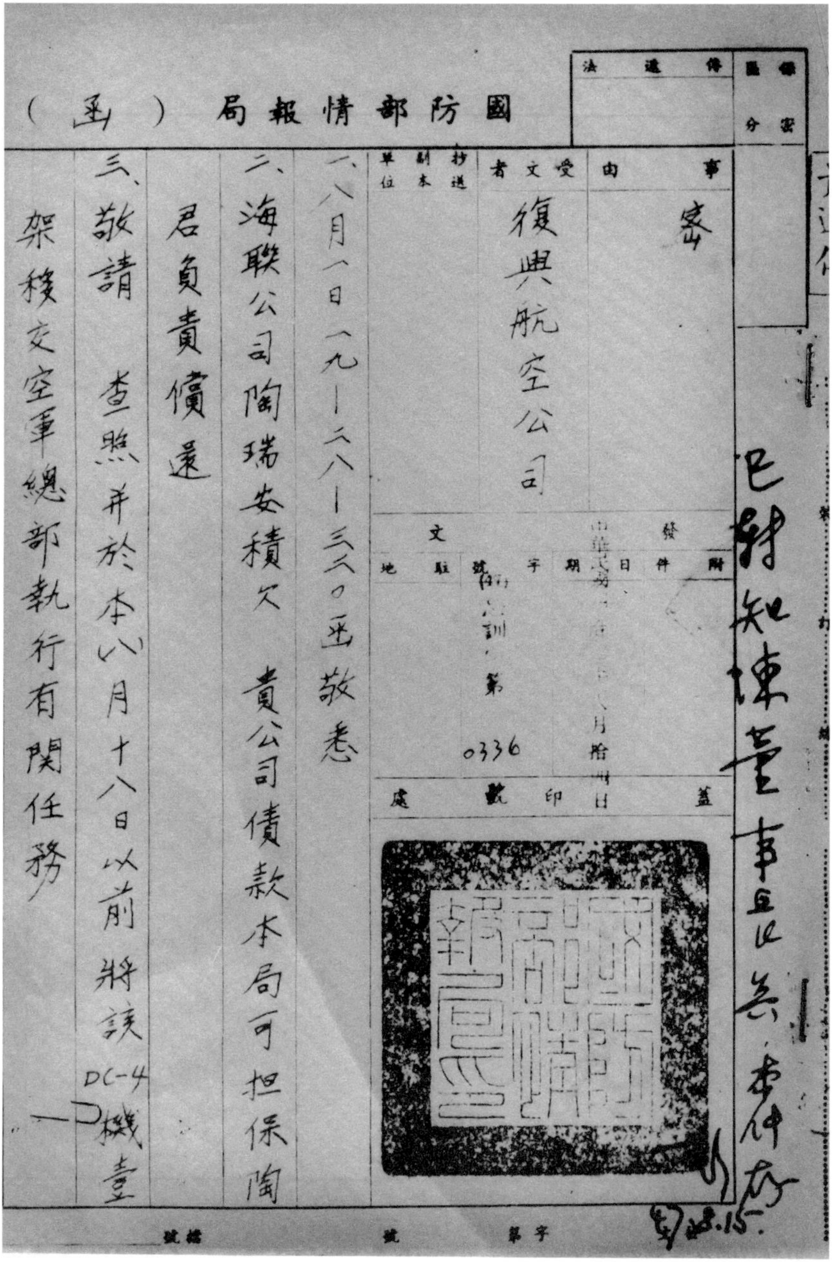

國防部情報局（函）

受文者：復興航空公司

事由：密

一、八月一日（一九）一二八一三八〇函敬悉

二、海聯公司陶瑞安積欠 貴公司債款本局可担保陶君負責償還

三、敬請 查照并於本（八）月十八日以前將該DC-4機壹架移交空軍總部執行有關任務

發文：中華民國 年八月 日 字第0336號

蓋印處

已轉知陳董事長照辦

國防部給復興航空公司的公文

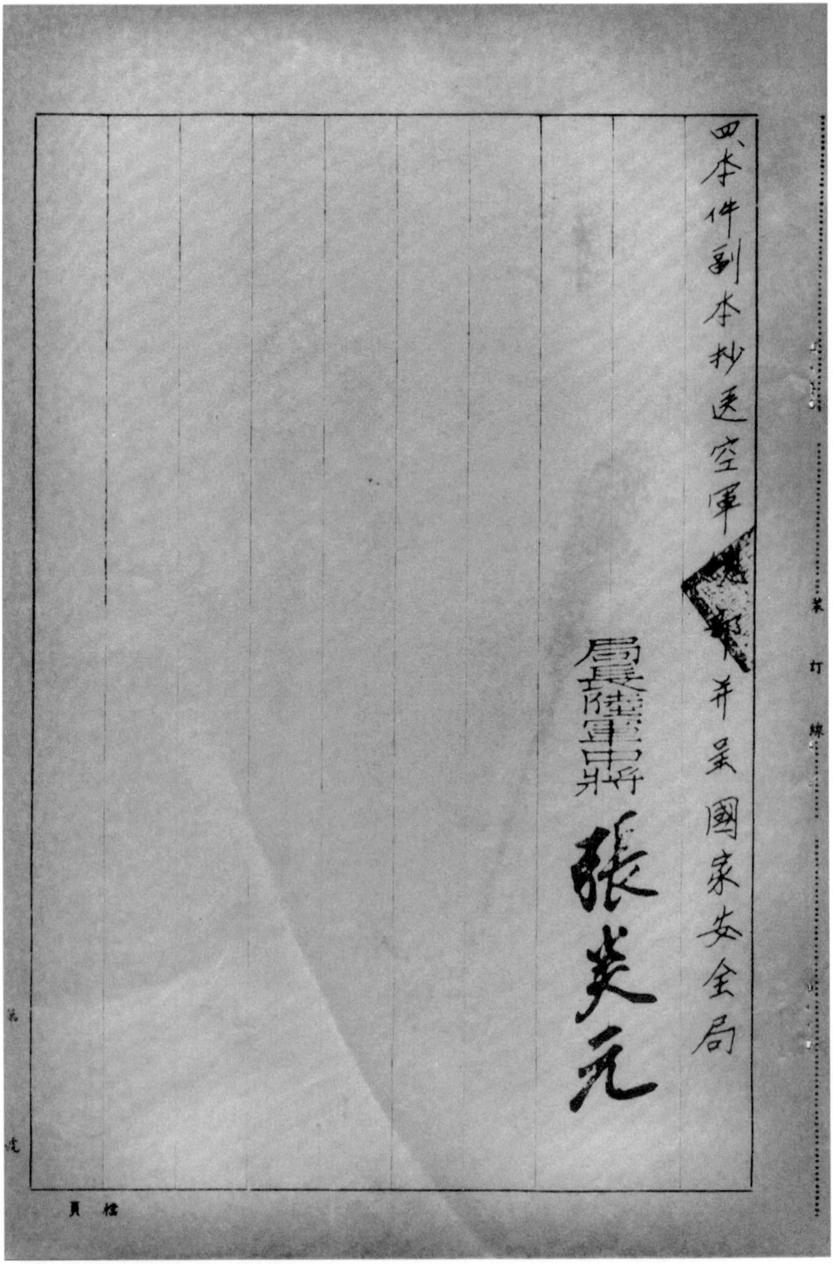

四、本件副本抄送空軍總部并呈國家安全局

局長 陸軍中將 張炎元

裝訂線

頁 檔

國防部給復興航空公司的公文

責償還」。陳文寬看了並未說什麼，他知道在當時的官場文化下，民與官鬥的後果是什麼。

幾天之後，衣復恩到公司來看他，問他收到國防部的公文了嗎？那時陳文寬才以開玩笑的口吻說：「收到一個公文，但因為我不認識中文，所以不知道上面寫的是什麼。」

衣復恩聽了哈哈大笑，並說：「這簡單，我寫個英文的收據給你。」

衣復恩說著的同時向辦公室的秘書小姐要了一張復興航空公司的信紙，並請秘書小姐隨著他的口述，打了一張英文的收據，隨後他就在上面簽上他自己的名字，也同時要在現場的一位復興員工及一位空軍少校簽字作證。

陳文寬拿了那張收據之後，笑著對衣復恩說：「這下我可知道是怎麼一回事了。」

陳文寬一直將那張收據珍藏著，當他再拿出來給人看時，不會忘記調侃一句：「一位中華民國空軍少將怎麼會用一張航空公司的信紙，來寫一張那麼重要的收據？」

那是一張空軍總司令部沒有留檔的收據！

註三：陶君是印尼革命組織與復興簽約的人。

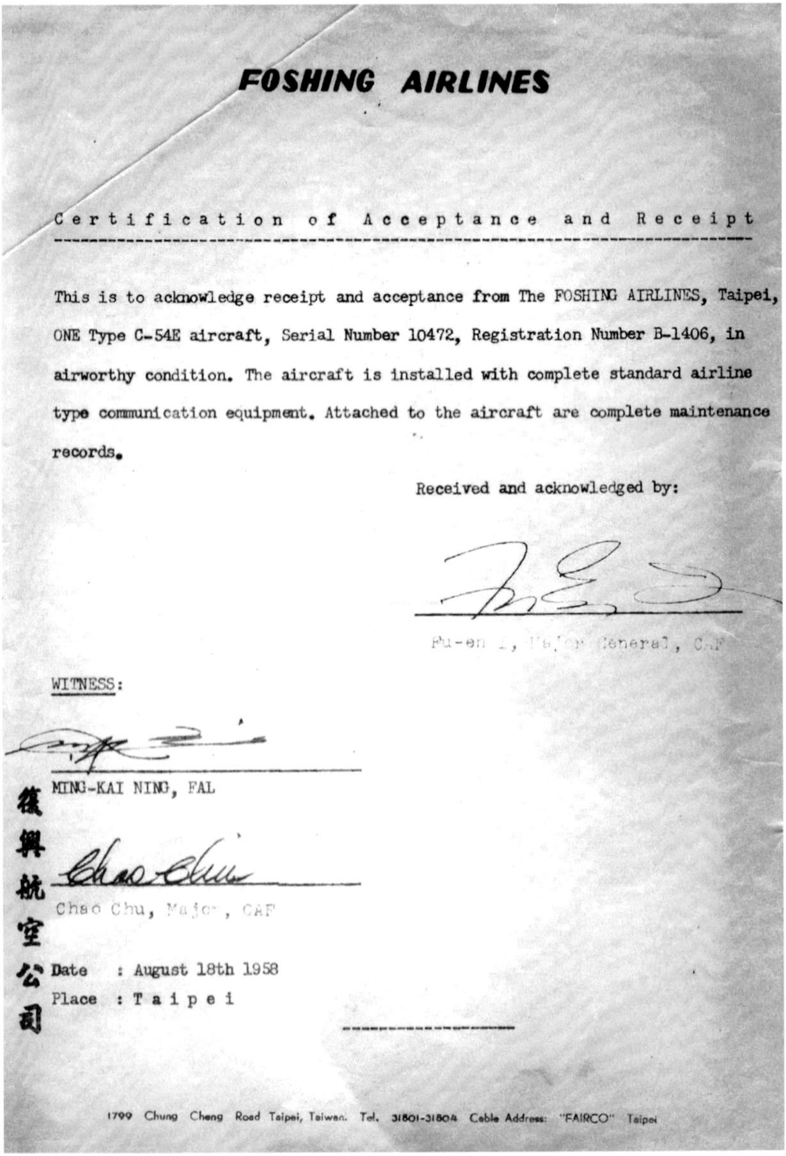

FOSHING AIRLINES

Certification of Acceptance and Receipt

This is to acknowledge receipt and acceptance from The FOSHING AIRLINES, Taipei, ONE Type C-54E aircraft, Serial Number 10472, Registration Number B-1406, in airworthy condition. The aircraft is installed with complete standard airline type communication equipment. Attached to the aircraft are complete maintenance records.

Received and acknowledged by:

Fu-en I, Major General, CAF

WITNESS:

MING-KAI NING, FAL

Chao Chu, Major, CAF

復興航空公司

Date : August 18th 1958

Place : Taipei

1799 Chung Cheng Road Taipei, Taiwan. Tel. 31801-31804 Cable Address: "FAIRCO" Taipei

衣復恩所簽字的英文收據

第二十章　接運任務——飛行香港接釋俘

一九五八年八月二十三日下午五點多，中共開始對金門進行瘋狂的炮擊，面積不過一百五十餘平方公里的金門島在砲戰開始的兩小時之內，竟然遭到四萬餘發的砲彈攻擊。金門防衛司令部的三位副司令官，章傑、吉星文及趙家驤都在砲戰開始的一個鐘頭之內相繼陣亡。這個來勢洶洶的攻勢，使人臆測是否這就是中共預備攻取台灣的前奏曲。

就在砲戰之後的幾天，陳文寬接到衣復恩由空軍總司令部打來的電話，他問陳文寬有沒有時間到香港去替他接幾個人回台灣。陳文寬當時直覺的反應就是那幾個人絕對不是普通人，要不然買飛機票隨時就可以到台灣，何必大費周章的包一架飛機去那裡接？

當陳文寬問他是些什麼人的時候，衣復恩倒也沒賣關子，很直接告訴他是幾位剛被中共釋放的飛行員。陳文寬聽了之後，真是一頭霧水，他一時摸不清整個事情的邏輯，怎麼會一方面猛烈的攻擊，另一方面卻在釋放戰俘？

陳文寬於當年八月二十八日駕著向空軍租來的那架 C-46 前往香港，本來預定是當天抵達之後，接了那幾位被釋放的飛行員後就立刻返回台灣。沒想到在他們到達香港之前，就接到台灣傳來的消息，因為那幾位飛行員的入境證出了一點問題，需要一些時間來處理，因此希望陳文寬能在香港逗留一天，等那幾人的入境證事宜解決之後，再回台灣。

陳文寬及他的組員在香港入境之後，被大陸救災總會的人安排到機場附近的一家旅館。那幾位被釋放的飛行員也住在同一家旅館，他們的房間就緊鄰著陳文寬及他組員們的房間。救災總會的人將陳文寬等人安置好之後，在臨走之前，那人附在陳文寬耳邊輕聲的告訴陳文寬，希望陳文寬能夠注意一下那幾位被釋放飛行員的言行舉止。

根據救災總會那人的穿著及說話的態度，陳文寬覺得那人應該是情報部門派駐香港的人，他的舉動，及他所說的話，在陳文寬看來都是相當無聊及無意義的。如果要監視那些人，他們大可找一些情報部門本身的人去監視，為什麼要找他這個「局外人」來做這件事？

當天晚上要吃晚餐的時候，陳文寬見到了被釋放的三個人，原來他們是空軍總部技術研究組（註四）的飛行員王為鐸少校、孔祥璋少校及領航官李復權上尉。

他們是在前一年的十一月五日夜間，駕著一架 B-26 由新竹出發，前往浙江路橋機場散發傳單，飛機上還有另外一位領航官張鳴卿少校及通訊官陳廷斌上尉，他們那架飛機在路橋南邊的海岸進入大陸時，因為高度太低而撞擊地面失事。張鳴卿少校及陳廷斌上尉當場死亡，王為鐸等三人則被中共俘虜。

大陸官方並沒有對他們進行嚴刑逼審，只是讓他們自行交待他們每個人八歲之後的

所有事情，之後中共當局詢問他們三人有沒有意願留在大陸服務，然而他們三人全都強烈表示要回台灣。中共在了解他們的意願之後，就先安排他們參觀各地的建設，然後在八月二十六日將他們送到澳門。空軍在知道他們被中共釋放之後，先是派出他們原單位的一位軍官到澳門對他們驗明正身，然後將他們帶到香港，等待復興航空公司的包機前來把他們帶回台灣。

晚飯之後，那三位被釋放的飛行員，要求陳文寬帶他們出去逛一逛，並採買一些可以帶回台灣送人的東西。陳文寬聽了之後，實在為那幾人的「天真」感到悲哀，他們真以為當他們回到台灣，大家會前來歡迎他們歷劫歸來？

因為陳文寬根據台灣方面傳來他們入境證有問題，及安排他們住宿的人要求陳文寬「注意」那些人的情況來看，政府似乎對他們幾人存有戒心。不過陳文寬還是帶他們上街去買了一些東西，也替他們付了帳。只是他覺得當他們回到台灣之後，迎接他們的將不會是他們所想像中的親朋好友。

第二天下午，台灣方面才傳來那幾個人入境證的問題已經解決的消息。於是在大陸救災總會的安排下，他們幾人匆匆趕到機場，登上那架 C-46，啟程回台。

三個小時後，他們在台北落地，正如陳文寬所判斷的，來迎接那三位被釋歸來的是幾位穿著中山裝的人，他們將那三位被釋放的飛行員接下飛機後，就立刻請上一輛巴士。在巴士開走後，另外一位在場的軍官很客氣的請陳文寬不要將這次香港之行向任何人提及。

幾年後，陳文寬曾在松山機場看到穿著華航制服的王為鐸，他們簡短的談了幾句，王為鐸告訴他，他與孔祥璋在衣復恩將軍的協助下，都已自空軍退役，並進入華航。那天因為王為鐸即將登機，所以兩人並未多談，但陳文寬為他們兩人能恢復空勤感到高興。

註四：即原空軍三十四中隊，後來通稱為「黑蝙蝠中隊」。

第二十一章　公司停航——謎案痛失藍天鵝

一九五八年十月一日，陳文寬前往香港與泰航商談並簽訂次年的代理合約。當天晚上他在香港的旅館裡接到蔡克非由台北打來的電話，蔡克非簡單的告訴他公司的那架「藍天鵝」在由馬祖返回台灣的途中失蹤。

陳文寬聽了心中頓然一驚，因為飛機失蹤通常只是真正噩耗前的消息，失蹤的飛機在找到的時候，幾乎都已是一堆殘骸了。而更讓他感到難過的是那班包機本來是該他飛的，但是因為他要到香港來出差，所以就臨時換上了孫明遠。

當天晚上陳文寬輾轉難眠，孫明遠是一位相當稱職的飛行員，陳文寬在過去幾年當中與他一同飛行過許多次，對他的技術與能力都有相當高的評價，他實在想不透到底發生了什麼事讓孫明遠無法處理。雖然當天台灣海峽的氣候並不是很理想，但是以孫明遠的經驗來說應該不是什麼大問題。

第二天早上十點多陳文寬就回到台北，他進到公司之後，得到了較為詳細的資料。原來那架飛機由孫明遠及陳蔚文兩人駕駛，於下午五點四十五分自馬祖起飛，飛機上有三位中國籍的乘客及四位美軍乘客。晚間六點十分時，通訊員羅昭明發無線電向台北報告，飛機當時高度為一千呎，距離台北尚有八十海浬，在這個電訊發出後，那架飛機就在雷達幕上消失了。

陳文寬真是百思不解，因為飛機高度如果是在一千呎，那麼無論是遭到共軍飛機攻擊，或是機件發生故障，羅昭明都該有足夠的時間將情況回報。這樣子無聲無息的消失在台灣海峽上空，陳文寬判斷飛機極可能是在瞬間就被摧毀，例如飛機內有爆炸物，導致通訊員沒有時間將情況回報，但是飛機爆炸後，海面一定會有漂浮物件，然而搜索的飛機及海軍艦艇都沒有在海面上發現任何飛機上的物品。

陳文寬想到還有一種情況會使飛機失去聯絡，那就是飛機的電力系統失效，使無線電無法使用，然而在電力系統失效之後，飛機仍然可以飛行，不會就此失蹤。他本人就有一次與孫明遠飛行時，碰上發電機失效的狀況，他們還是很正常的飛回松山落地。

飛機失蹤之後，復興航空公司在第一次與國防部開會討論善後事宜時，馬祖的雷達管制官在報告飛機失蹤與搜尋的過程時，說出了一件令陳文寬注意的事，那位管制官報告在藍天鵝起飛之後，他在雷達幕上曾見到一個光點以一百八十哩的速度，在藍天鵝後面彎曲前進，兩個光點後來一同消失。

陳文寬覺得如果那個光點是中共的軍機，在雷達的引導下飛行，那麼就會形成彎曲的前進，而唯一能解釋兩個光點同時消失的情形，就是兩架飛機在空中相撞！但是如果真是這樣的話，海面也一定會有飛機的碎片漂浮著。那麼為什麼找不到任何碎片呢？

沒想到那個陳文寬覺得是一個有利線索的消息，在以後的會議中都沒再被提起過，陳文寬直接到國防部去詢問那件事，也沒得到任何正面的回應。

再多的臆測，在沒有找到飛機殘骸之前，都不會得到滿意的答案。

當時復興航空公司因為水上飛機並不參加任何定期航線的飛行，所以沒有購買飛機及旅客的保險，與國防部所簽訂的合約內雖然註明「如遭敵機及或由於軍方指揮不當所發生之損害應予賠償」，但是合約上卻未曾提及對「失事原因不明」時的賠償問題，所以賠償問題一直到飛機失蹤一年後都沒有解決。

民航局亦曾代為向軍方折衝，最後國防部以他們所認定的「合理」金額賠給復興航空公司，並以「飛機失蹤」將此案了結。

那時復興雖然用一架向空軍租用的 C-46 來經營台灣西岸的定期航線，然而那條航線只有台北到花蓮一段可以維持載客率之外，花蓮到台東再到高雄那段航線經常是空機，或只是個位數的乘客。復興多次向民航局請願，將花蓮之後的航線取消，或是批准台北直飛高雄的航線，但是都沒得到批准。

在軍方包機尚有利潤的情況下，復興可以維持台灣的西岸航線，但是一旦維持軍方包機的藍天鵝失蹤之後，復興就無法繼續那唯一的一條航線了。

復興航空公司於是在一九五八年十月十五日宣布，將在十一月一日全面停航！

第二十二章　再買新機——短場起落好飛機

復興航空公司停航之後，陳文寬頓時無事一身輕。他回想過去七年之間在復興所有的驚險飛行生涯，再想到由一九三三年他加入中國航空公司之後那一連串令人驚嘆的歷程，他實在可以感覺到上蒼對他的眷愛，因為他知道沒有多少人有像他那麼多的機會，讓他不但能見證到許多關鍵性的歷史時刻，更認識了許多留名青史的人物。如今他一手所創立的航空公司，竟然淪落到沒有飛機的狀況，然而他並沒有自哀自憐，反而認為那是上蒼刻意讓他去休息的時刻，那時他才四十五歲，人生還有很長的一段路要走，未來還有許多事要等著他去做。

一九六一年十月，復興航空公司接到民航局的一紙公文，詢問公司名下的那架 C-54 的去向，陳文寬將當初國防部給他的那紙公文交給民航局，並未多做解釋。沒想到在回覆了那件公文後，民航局又來了一張通知，告訴他航空公司必須有飛機才可以繼續擁有航空公司的執照，既然復興航空公司已經沒有飛機了，那麼除非公司在一年之內購進一架飛機或向民航局表明買飛機的意願，否則航空公司的執照將予吊銷。

既然民航局有著那樣的規章，復興航空就必須遵守。於是陳文寬回文民航局，表示復興正在研討該購買哪一型的飛機，以適合台灣的環境，因此希望民航局能將期限延後。

其實，陳文寬那時還真是在考慮要買哪一種飛機，但是那時他的考慮僅是在滿足個人的飛行興趣，而不是在考慮一架能載客的飛機，因為在一九六〇年代的台灣，能搭飛機的客人畢竟只佔少數。不過，在當時臺灣的環境下，民航局也不會允許有私人飛機，所以陳文寬必須在私人飛機與客機之間去尋找一種能同時滿足兩者需求的飛機。

一九六〇年代德國賓士（Mercedes Benz）名車在全球推出了一個促銷的點子，那就是購車者在原居住地向當地經銷商訂賓士車，並可在德國取車，取了車子之後可以開著它在歐洲各地遊覽，假期結束之後再將車子運回原居住地。當時戴安國是賓士廠在台灣的總代理，他極力的向陳文寬推薦這個購車方式，並表示在飛行了那麼多年之後，他應該帶著太太到歐洲去玩一趟，輕鬆一下，如能趁這個機會在歐洲買一輛車，不僅車價便宜，更可以在歐洲旅遊時有車子代步，真是何樂而不為？

經不起戴安國的一再慫恿，陳文寬終於在一九六二年底，向賓士廠訂了一部一九六三年的 230S 款式轎車，預定一九六三年一月在德國取車。

陳文寬在一九六三年初，帶著太太飛往歐洲度假並取車。他沒想到在那一趟旅途中，他不但買了一輛車，還差一點買了一架飛機！

那是當他在德國取了車子，在開往義大利的途中，經過瑞士的斯坦市（Stans, Switzerland）時，看到畢拉圖斯飛機公司（Pilatus Aircraft Ltd.）的招牌，他記得在一本航空雜誌上曾經看過有關那家公司的消息，知道他們剛研發出一種 STOL 型（Short Take Off Landing，短場起落）的飛機，於是他就想順道去參觀一下，想進一步了解那種飛機。

那家公司的接待員一開始對陳文寬並不很重視，他們以很客氣的口吻告訴陳文寬該公司並不開放參觀，陳文寬繼而表示想了解一下那家公司最新的 PC-6 型飛機的性能，接待員也很客氣的送上一本薄薄的宣傳手冊，表示那裡面有所有陳文寬想知道的資料。

陳文寬在往外走之前，將他的名片交給那位接待員。當那位接待員發現這位中國籍的訪客竟是台灣一家航空公司的董事長時，整個情況立刻改變。

接待員不但請陳文寬留步，並立刻將他到訪的訊息通知公司高階主管。在半個鐘頭之內陳文寬就被請到公司的簡報室，由公司的工程處經理及試飛員給陳文寬做有關 PC-6 的詳細簡報。

簡報之後，陳文寬也問了許多技術上的問題，這使該公司的主管了解到陳文寬其實是一位相當懂飛行的董事長，並不是一位只管營運的商務專才。

簡報之後該公司並表示可以請陳文寬進行一次試飛，這樣可以讓他親身體驗那種飛機的優異性能。

那天該公司的主管三人及陳太太坐在客艙，陳文寬就坐在飛行員右邊的位置。飛行員將那具渦輪發動機啟動之後，很快的就完成了飛行前檢查，飛機進入跑道之後，他對著陳文寬說了聲：「注意，要起飛了。」一說著就將油門推滿，那架飛機頓時往前衝，然後在不到一分鐘的時間那架飛機已經騰空，並繼續以大角度爬升著。

陳文寬當時只覺得飛機滑行了一百多公尺的距離就離地了，這種性能實在是他以前所飛過的飛機無法比擬的。

那架飛機繼續爬高，轉眼間就到了阿爾卑斯山山頂的一處滑雪勝地，陳文寬以為那位飛行員只是要帶他們到那裡去觀看一下壯觀的滑雪場地，沒想到那位飛行員竟對著滑雪場旁邊一處像是停車場大小的空地飛去，然後就在陳文寬驚訝聲中，那架飛機就在那個停車場大小的空地上降落並完全停止滑行，落地滾行距離也僅有一百公尺左右。

陳文寬對於那架飛機的性能真是太滿意了，他想到這型飛機將來可以在台灣的山區及外島偏遠地區起落，這種優勢是其他航空公司無法與之競爭的，這型飛機唯一的缺點就是載客量小，一架飛機僅可以搭十人，不過，他想這也是那種飛機能夠在那麼短的距離起落的主要因素吧。

PC-6 在梨山機場

外籍人士包機前往梨山

那天在回到畢拉圖斯公司之後，陳文寬向那家公司的總經理表示，他回台灣之後，會與董事會商量，再決定是否要買這種飛機。不過他雖然這麼說，他自己知道他是會要買這種飛機的。當年九月，畢拉圖斯公司為了推廣業務，派出一架飛機前往亞太地區各國做性能表演。他們沒有忘記通知復興航空公司的陳董事長。

那次陳文寬去參觀的時候，是有備而去的，他在香港看過那架飛機的性能展示之後，就向負責那次性能展示的經理表示要買一架，並當場談妥在巡迴展示完畢之後，復興可以就將那架展示機買下，以省下半年多等新機的時間。在簽飛機購買合約書時，畢拉圖斯公司詢問陳文寬有沒有意願擔任該公司亞洲區的代理商，這樣那架飛機就可以以批發價賣給復興。

對於這項提議，陳文寬當然舉雙手同意，因為那時他已想好，有哪些公司會對那架飛機有興趣。

一九六四年二月，PC-6的巡迴展示在新加坡結束。陳文寬隻身前往新加坡，將手續辦妥之後，他親自將那架飛機經馬尼拉飛回台灣。

那是復興航空公司第一架全新的飛機！

有了新飛機之後，下一步就是要開闢航線。當時陳文寬心中構想的兩個航點是梨山及日月潭，但是那兩個地方當時都沒有機場，於是陳文寬向政府提出設立機場的申請。政府當時決定由政府撥地，而由復興航空公司出錢在日月潭及梨山兩處建立可供 PC-6 起落之機場。

那兩處的機場在一九六五年先後完工，陳文寬駕著那架 PC-6 在那兩處機場測試之後，宣布成立台北至日月潭及梨山的包機航線。那次他沒有成立定期航線是有原因的，因為根據當時的民航法規，如果是定期航線，在沒有客人的情況下，航空公司也要出航。

在一九六〇年代中期，台灣的民眾還不是很富裕，對於旅遊是寧願多花時間也不願多花錢。所以當時很少人會花七千元去包一架飛機前往梨山或是日月潭，復興那時主要的客人還是外籍人士居多。

那架 PC-6 雖然並沒有給公司帶來太多的生意，但是做為那種飛機的代理商，復興航空公司竟在一九六五年賣出了五架 PC-6 給在中南半島營運的美國航空公司（Air America）（註五）。

註五：那是一家美國中央情報局的外圍組織，專門在中南半島執行特種任務，並不是一般的航空公司。

第二十三章　馬祖事件——飛機誤點是好事

一九六六年一月九日，中共一艘海軍登陸艇，於凌晨三時駛抵馬祖向我政府投誠。這是第一次中共海軍艦艇投誠的例子，所以國防部相當興奮的發佈消息，並在當天上午派出一架 C-47 型運輸機前往馬祖，預備接運登陸艇上的那三位中共海軍幹部。沒想到那架 C-47 在馬祖降落時，衝出跑道並將起落架折斷。於是空軍再度派出一架 HU-16 水上飛機前往馬祖，接運那三位義士返回台灣。

對於此等大的新聞，各家報社都趕著搶包飛機前往馬祖採訪。聯合報在上午八點即和復興航空公司接洽包機事宜，復興航空當即給了聯合報一份包機合約。但是就在同時，徵信新聞報也以電話和陳文寬聯絡，接洽包機前往馬祖，陳文寬在不知道公司方面已經與聯合報訂下合約的情況下，也答應了徵信新聞報。

當兩家報社的記者都到達松山機場時，復興航空公司才發現了這個「一屋兩租」的狀況。在早期復興航空公司有兩架 PBY 的年代，這種情況並不是問題，那時還真是有兩架 PBY 同時前往大陳的情形。但是，那天公司只有一架 PC-6！於是陳文寬建議那兩家報社合租那架飛機前往，但是在「搶獨家」的心理下，兩個報社都不肯相讓，雙方形成僵持之局，害得陳文寬在處理此事時也不知如何是好，他既不好否認該公司業務部門的決定，也不好推翻他自己的諾言。

就在那時中央日報、新生報合租的中華航空公司 PBY 水陸兩用飛機，起飛時的噪音引起了他們的注意。知道「獨家」新聞已無可能，聯合報與徵信新聞報，才都有了讓步的表示，改由兩家報社合租那架飛機。等租約簽好之後，陳文寬再趕緊根據那個合約向民航局去申報飛行計畫。

飛機在起飛前檢查時，發現無線電系統發生故障，待維修人員將故障清除，陳文寬駕著飛機滑向跑道時，已經比原先預計起飛時間晚了四十分鐘。飛機上的記者們在抱怨飛機延遲起飛的當兒，卻不知道那四十分鐘的延遲卻救了他們的命！

那架 PC-6 於下午三時廿分起飛，並於下午四時廿分抵達馬祖上空。當陳文寬與馬祖塔台聯絡時，馬祖塔台的航管人員竟以高八度的聲音告訴他：「趕緊落地！」

他們不知道原來空軍的那架 HU-16 在下午三點半由馬祖起飛，十五分鐘之後，就在馬祖東南方海面被中共的戰鬥機擊落了。

落地之後，陳文寬知道了那架空軍水上飛機的噩耗，他驀然想起如果他們按照當初飛行計畫的時間起飛，當他們進入馬祖空域的時間將剛好是那架 HU-16 被攻擊的時候，那

麼他的那架 PC-6 也很可能會同時受到攻擊！

陳文寬再度覺得，似乎冥冥中一切事情都是安排好的。

第二十四章　黃金年代——人生夕陽無限好

一九六五年中旬，與復興已有十多年合作關係的泰航，與陳文寬聯絡，詢問他有沒有意願在台灣成立一個空中廚房，供應航空公司的空中餐點。

當時在台灣唯一供應空中餐點的就是圓山飯店，但是因為圓山飯店並不在松山機場附近，所以所有的餐點都是用車子送到機場，這種情形下如果航空公司臨時要多幾份餐點，圓山飯店就無法即時供應。而且，圓山飯店所供應的餐點是裝在薄木片的簡易餐盒中，與當時已經制式化的飛機餐盒車並不相符，造成航空公司的困擾。所以泰航建議復興航空公司能參照當時制式的空中廚房，在台灣成立一家專業的空中廚房。

那時陳文寬正在為復興航空公司尋找一條新的生機，經過泰航的建議，陳文寬與戴安國及蔡克非商量過之後，都認為那是一條可行之路，於是在當年的十月，派出了三位公司的職員前往曼谷，在泰航的空中廚房去見習及了解整個空中廚房的流程。

復興空廚在一九六六年正式成立，剛開始是在松山機場復興航空公司的底層，後來因為擴充的問題就搬到敦化北路與民生東路附近的一棟建築物裡。

復興空中廚房在創立之初，在復興航空公司看來只是個附帶產業，沒有想到在此後的十多年裡，整個復興航空公司的生計都是靠著這個「附帶產業」。那架 PC-6 飛機僅是在說明著復興航空公司仍然是個「航空公司」。

一九八三年，陳文寬已經七十歲，蔡克非及戴安國也都到了退休的年齡，三人的家屬也都沒有接下復興航空公司繼續經營的意願，於是復興航空公司在當年就賣給了國產實業集團。

在公司易手之前，陳文寬將公司的那架 PC-6 賣給了大韓航空公司，在交機那天陳文寬以七十歲的高齡，自己由台北駕著那架飛機前往韓國首爾，將那架飛機交給它的新東主。在那四個多小時的航程中，他知道那將是他最後一次自己駕著飛機在空中翱翔、在白雲中穿梭，他想起了過去四十多年間他在藍天中所經歷的種種，那些日子雖然已離他遠去，但是他卻不曾忘卻其中的任何細節。

他覺得他是幸運的，在這人類開始向天空發展的年代，他有幸能插足其中，雖然未能在航太科技鑽研方面有所觸及，但是他卻能用飛機替他的國家及同胞們做出許多貢獻。

他也想到他一手創立的復興航空公司，在復興初創的那段歲月，為了公司的生存，他接下了許多在一般航空公司來說是匪夷所思的生意，那些任務雖然艱鉅，但是所得到的報酬卻資助了公司的成長。他也會想起與藍天鵝一同失蹤的孫明遠、陳蔚文、羅昭明及嚴惠群，他們是復興的英雄，陳文寬永遠記得他們為復興的付出。

那天他在首爾降落之後，心中真是百感交集，一九三三年他第一次在上海龍華機場將一架 Stinson 啟動時的情景驀然在眼前浮現，五十年的飛行生涯即將在他把那架 PC-6 的發動機關掉後告一段落，他凝視著飛機的儀錶板片刻後，將發動機的總開關轉到了停車位置。

那是他最後一次飛行。

公司賣掉之後，陳文寬將家搬到了舊金山，他在希爾斯堡（Hillsborough）買了一棟房子，在那裡開始他這輩子真正的休閒生活。他經常的邀一些當年一道遨遊長空的舊識們，去一些旅遊景點，去享受一下在地面觀看那些好山好水的樂趣。

每年九月初，歇業已久的中國航空公司員工聚會，總是在舊金山舉行，因為陳文寬會在他家的大庭院裡為大家舉行豐富的晚宴聚會。他雖然對當初中國航空公司對中國人的不平等待遇感到懊惱，但是他仍然覺得那段在中航的日子，是相當值得回味的。

他對身體的保健也是相當的注重，他注意他的飲食，也保持運動的習慣。在他九十歲的高齡，曾創下一天之內，單人駕車八小時，由希爾斯堡往返雷諾（Reno）的紀錄。一百歲的時候還飛往緬甸，與友人去那裡回味七十餘年前在那裡飛行的往事。

退休之後的這段期間他也對高科技的產物產生了相當大的興趣，九十五歲的時候買了一台戴爾電腦，同時開始研讀有關電腦的書籍，後來竟自己買零件組裝了兩台電腦。

他始終沒有把他的年齡視為一個問題，在他一百零一歲生日的前夕，他向他的外甥表示想再去買一部新的賓士 S600 型轎車。他的外甥看了他半天，說：「姨父，乾脆去買架飛機吧。」

是的，他是該再去買架飛機的！

復興航空創辦人 陳文寬的冒險歲月

作　　者 王立楨

發 行 人 程顯灝
總 編 輯 呂增娣
主　　編 李瓊絲
主　　編 鍾若琦
編　　輯 吳孟蓉、程郁庭、許雅眉
編輯助理 張雅茹
特約編輯 楊安妮
美術設計 潘大智
行銷企劃 謝儀方
出 版 者 四塊玉文創有限公司

總 代 理 三友圖書有限公司
地　　址 106 台北市安和路 2 段 213 號 4 樓
電　　話 (02) 2377-4155
傳　　真 (02) 2377-4355
E — mail service@sanyau.com.tw
郵政劃撥 05844889 三友圖書有限公司

總 經 銷 大和書報圖書股份有限公司
地　　址 新北市新莊區五工五路 2 號
電　　話 (02) 8990-2588
傳　　真 (02) 2299-7900

初　　版 2014 年 6 月
定　　價 290 元
I S B N 978-986-90732-6-4

SANYAU
http://www.ju-zi.com.tw
三友圖書
友直 友諒 友多聞